墨香财经学术文库

全民健身战略下体育场馆建设惠民成效研究

鲁辽津全运会实证

Research on the Benefit Effect of Sports Venue Construction under the National Fitness Strategy

Empirical Study of the Shandong Liaoning Tianjin National Games

毕红星 毕辽 著

东北财经大学出版社
Dongbei University of Finance & Economics Press
大连

图书在版编目（CIP）数据

全民健身战略下体育场馆建设惠民成效研究：鲁辽津全运会实证 / 毕红星，毕辽著. —大连：东北财经大学出版社，2025.9. —（墨香财经学术文库）. —ISBN 978-7-5654-5060-0

Ⅰ. G812.4

中国国家版本馆CIP数据核字第2025FA1168号

全民健身战略下体育场馆建设惠民成效研究：鲁辽津全运会实证

QUANMIN JIANSHEN ZHANLÜE XIA TIYU CHANGGUAN JIANSHE HUIMIN CHENGXIAO YANJIU：LU LIAO JIN QUANYUNHUI SHIZHENG

东北财经大学出版社出版发行

大连市黑石礁尖山街217号　邮政编码　116025

网　址：http://www.dufep.cn

读者信箱：dufep@dufe.edu.cn

大连永盛印业有限公司印刷

幅面尺寸：170mm×240mm　字数：195千字　印张：13.5　插页：1

2025年9月第1版　2025年9月第1次印刷

责任编辑：李　彬　赵　楠　责任校对：贺　丽

封面设计：原　皓　版式设计：原　皓

书号：ISBN 978-7-5654-5060-0　定价：78.00元

教学支持　售后服务　联系电话：（0411）84710309

如有印装质量问题，请联系营销部：（0411）84710711

作者学术简历

毕红星，1997年毕业于北京体育大学，同年获得教育学硕士学位。东北财经大学教授，硕士研究生导师，主要研究方向为体育产业经济。现任东北财经大学体育教学部副主任、体育经济研究中心主任、学术委员会主任。兼任大连市体育产业研究基地主任、大连市体育科学学会副秘书长。主要从事体育产业经济研究、经济地理学跨界体育学的交叉研究。被聘为中国管理科学学会旅游管理专业委员会委员。担任国家社科基金项目评审专家、教育部人文社科项目评审专家、辽宁省社科基金项目评审专家、辽宁省社科成果奖评审专家、教育部硕博论文评审专家、《北京体育大学学报》期刊外审专家。出版学术著作、教材5部，其中1部专著是关于经济地理学理论与方法运用于体育场馆建设布局的跨学科研究。在CSSCI体育学来源期刊、扩展版期刊以及体育中文核心期刊发表学术论文30余篇。获得省部级学术成果奖10余项。主持完成省部级以上项目10余项，其中2项为国家社会科学基金一般项目（课题编号分别为11BTY025、16BTY050）。

毕辽，上海立信会计金融学院本科生。主要研究方向为体育经济与管理，是本研究团队的核心成员之一。2020—2025年参与完成“大连市体育产业专项调查”和“大连市居民体育消费调查”年度课题项目、辽宁省社会科学基金一般项目“全运惠民背景下的辽津两届全运会体育场馆建设的惠民成效研究”以及《湖北省钓鱼产业三年行动计划（2024—2026年）》调研工作。

前言

经济地理学研究产业结构与产业布局演变规律，城市公共体育设施属于体育产业之一，运用经济地理学的理论与方法来解决我国城市公共体育设施建设布局问题是非常契合的。

本书的主要内容如下：

第一，界定全运会体育场馆并明确全运会体育场馆的功能。全运会场馆建设的研究具有助力实现国家体育战略目标、完善体育场馆市场体制机制、助力城市发展、助力惠民工程实施、实现社会效益和经济效益最大化的重要意义。以推行体育场馆运营管理机制改革、提升体育场馆供给能力、强化市场竞争力、构建体育场馆服务产业链、保障体育场馆运营管理的政策生态为全运会体育场馆建设的研究目标。利用知识图谱研究法对国际体育场馆建设情况进行分析。结合《体育事业统计年鉴》（2013—2017年）对国内体育场馆建设现状进行分析。利用知识图谱研究法分析全运会的研究热点，研究全运会体育场馆建设情况。结合全运会体育场馆建设的投融资特征、分布特征、政策特征，揭示全运会体育场馆建设中存在的问题。

第二，界定“惠民”。惠民理论基于马克思主义公平学说。阐释体育惠民工程和全运会惠民工程，在此基础上界定惠民成效。运用经济地理学理论与方法研究体育场馆建设惠民成效是可行的。

第三，分析鲁辽津三届全运会体育场馆建设概况。通过文献分析、评估指标筛选、信度检验建立全运会体育场馆建设惠民效应评估的框架体系。通过专家调查问卷等方法构建全运会体育场馆建设惠民效应评估的指标体系。确定评价体系后对3个一级指标、11个二级指标、26个三级指标进行评价。

第四，通过文献分析和现状调查发现鲁辽津三届全运会体育场馆建设惠民成效存在的问题。首先，关于丰富市场供给、完善体育场馆方面的问题。体育场馆的规模供给呈缩小趋势。体育场馆投资供给逐届减少，体育场馆“免低开放”供给机制不完善。其次，关于体育场馆空间布局方面的问题。体育场馆建设与住宅小区匹配融合程度不够。体育场馆建设缺乏餐饮住宿业与之结合、配套。体育场馆建设尚未与城市旅游业发展相结合。选址在高校使全运会体育场馆布局不合理。最后，关于创新体育场馆运营机制方面的问题。体制机制不完善，激励机制不健全。社会力量尚未真正参与体育场馆的运营管理。

第五，以增长极模式理论、“点-轴系统”模式理论、“网络开发”模式理论形成“点-轴-网”理论。阐述“点-轴-网”理论在相关领域的运用。构建天津体育场馆布局的“点-轴-网”模式。进行基于POI数据的天津市体育设施空间格局“点-轴-网”模式惠民成效最优性分析。

第六，提出未来全运会及大型比赛体育场馆建设惠民成效最优方案的对策与建议。首先，推进体育场馆“网络”布局模式的建设。构建体育场馆“网络”布局模式的理论基础。其次，加强街道、社区级中心点（体育场馆）的建设。再次，通过政府购买服务、社会力量参与，推动体育场馆的运营与发展。发挥市场有效配置资源的作用，推进体育场馆企业化改革。加强对转企改制企业扶持政策的支持。强化并完善政府对体育场馆企业运营管理的监管。建立社会力量参与转企改制的机制体制。打造专业运营商，加强运营管理团队建设。鼓励社会资本投资，加强政府和社会资本合作。最后，鼓励体育场馆免费或低收费开放，完善健身消费政策。

本书由毕红星和毕辽共同完成撰写工作。其中，毕红星完成了“鲁辽津三届全运会体育场馆建设惠民成效分析存在的问题”“运用经济地理学理论对第十三届全运会天津体育场馆建设惠民成效的实证研究”“未来全运会及大型比赛体育场馆建设惠民成效最优方案的对策与建议”部分；毕辽完成了“全运会体育场馆惠民成效研究概述及其文献综述”“鲁辽津三届全运会体育场馆建设惠民成效的调查与跟踪分析”部分。

毕红星　毕　辽

2025年5月

目录

1 全运会体育场馆惠民成效研究概述及其文献综述 / 1

1.1 课题研究整体架构 / 1

1.2 全运会体育场馆的界定及其功能定位 / 7

1.3 全运会体育场馆建设的研究意义及其研究目标 / 11

1.4 全运会体育场馆建设研究的历史演进 / 17

1.5 全运会体育场馆建设的特征及存在的问题 / 58

1.6 关于惠民的界定 / 66

1.7 关于惠民工程的界定 / 67

1.8 全运会体育场馆建设惠民成效实施模式分析 / 70

2 鲁辽津三届全运会体育场馆建设惠民成效的调查与跟踪分析 / 77

2.1 全运会体育场馆建设惠民成效评价对象的调查分析与理论基础 / 77

2.2 建立鲁辽津三届全运会体育场馆建设惠民成效评估的框架体系和指标体系 / 90

2.3 鲁辽津三届全运会体育场馆建设惠民成效评估 / 102

3 鲁辽津三届全运会体育场馆建设惠民成效分析存在的问题 / 123

3.1 关于丰富市场供给、完善体育场馆方面的问题 / 123

3.2 关于体育场馆空间布局方面的问题 / 126

3.3 关于创新体育场馆运营机制方面的问题 / 128

4 运用经济地理学理论对第十三届全运会天津体育场馆建设惠民成效进行实证研究 / 130

4.1 “点-轴-网”模式的理论基础、一般问题及其设计 / 130

4.2 影响第十三届全运会体育场馆建设的因素分析 / 143

4.3 构建天津市全运会体育场馆建设的“点-轴-网”模式 / 155

4.4 基于POI数据的天津市全运会体育场馆及其相关健身设施空间建设“点-轴-网”模式惠民成效最优性分析 / 171

5 未来全运会及大型比赛体育场馆建设惠民成效最优方案的对策与建议 / 180

5.1 加强全运会体育场馆“点-轴”布局模式的建设 / 180

5.2 推进体育场馆网络布局模式的建设 / 182

5.3 通过政府购买服务、社会力量参与，加强体育场馆的运营与发展 / 183

5.4 鼓励体育场馆免费或低收费开放，完善健身消费政策 / 187

参考文献 / 190

索引 / 206

1 全运会体育场馆惠民成效研究概述及其文献综述

1.1 课题研究整体架构

1.1.1 研究视角与研究意义

本书以体育场馆建设为研究主体，以经济地理学为研究视角，以鲁辽津三届全运会举办地为研究模块，揭示全运会体育场馆建设“惠民成效”的最优解决方案。本书系统分析全运会体育场馆建设“惠民成效”以及经济地理学的研究文献，明确体育场馆建设“惠民成效”研究与经济地理学相关理论的关系；实现经济地理学中“点-轴-网”模式理论、GIS技术在体育场馆建设“惠民成效”研究中的探索性运用。

分析体育场馆建设惠民实践过程中存在的问题，运用经济地理学的“点-轴-网”模式理论与GIS技术，采取定性与定量研究方式，对体育场馆建设“惠民成效”进行实证改进与设计，进而提出全运会体育场馆建设“惠民成效”最优方案的对策与建议。

通过对鲁辽津三届全运会体育场馆建设“惠民成效”的分析，找出全运会体育场馆建设“惠民成效”方面存在的问题。本书将实现体育场馆公共服务最大化作为研究的主要目标。

1.1.2 研究现状述评

1）国外研究现状

从国外看，大型赛会体育场馆建设与完善的职业体育赛事体系和发达的体育产业密切相关。中心城市综合体育场馆服务于大型体育盛会和集会所带来的商业经营收益和场馆旅游收益、多功能体育场馆服务于大型社会活动所达成经营项目设置的灵活多样性均蕴含经济学与地理学的相关理论。

首先，“中心地理论”是关于城市“等级—规模”的学说，是“点-轴系统”理论的基础（Christaller，1933）。决定各级中心地商品和服务供给范围大小的重要因子是经济距离，由费用、时间、劳动力三个要素决定（Bale，1989）。其次，“区位理论”是体育场馆选址的重要理论依据。丹佛和底特律等城市就是通过新建体育场馆来复苏地方经济的例证（Martin，2004）。最后，发达国家十分重视社区体育场馆的规划建设，特别强调社区住宅的康体功能。继体育场馆功能多元化之后，场馆建设出现一体化发展的第二次革命（Flynn，1999）。

目前，发达国家体育场馆建设的研究集中在场馆赛时与赛后综合利用的统一方面。在实践中，国外体育场馆建设不但有效体现出公益性与经济性相统一的综合效益，还揭示出体育场馆公共服务的核心理念。

2）国内研究现状

中华人民共和国成立以来，全运会经历了本土体育（第一届、第二届）、停滞（第三届）、竞技体育优先（第四届至第六届）、奥运战略（第七届至第十届）、全民全运（第十一届、第十二届）五个发展阶段（徐开娟，2011）。以北京奥运会为节点，全运会体育场馆建设由倾向竞技体育转向侧重全民健身。

第一，第六届全运会体育场馆建设经费的来源首次由过去的政府计划安排转变为由地方筹措（开云，2005）。以第八届全运会为转折点，全运会体育场馆建设由注重“及时效应”转向重视“赛后效应”的可持续发展，出现“以场养场”的产业化现象（王显生，2010）。第十届全运会体育场馆建设首次分布于江苏省13个市（王龙飞等，2009）。第十二届全运会体育场馆建设由国际化、大型化的体育中心向追求分散化、注重与城市博弈与制衡方向转变，体现出从“全运”到“全民”的发展趋势（梅洪元等，2013）。

第二，选址问题是全运会体育场馆建设面临的挑战（崔亚平，2012）。大型运动会体育设施的选址和空间分布必须同城市特点、城市规划和城市发展目标结合起来（缪建奇，2009）。

第三，全运会体育场馆的空间分布宜采取“分散和集中相结合，以相对集中为主”的模式（王龙飞等，2009）。基于“商圈理论”和“中心地理论”，第十二届全运会体育场馆建设表现出城市中心性的布局优势和场馆影响力叠加及交通可达性差的不足（铁钰等，2013）。结合经济地理学的“点-轴”系统理论，要将城市内以交通线为主的基础设施束与其对应的各级体育场馆结合起来，使体育场馆获得区位空间的最佳发展（毕红星，2012）。

第四，“惠民工程”作为新平台与新模式，已经成为全面深化群众体育改革的主要路径和举措（刘国永，2015）。体育场馆建设可以促进城市的经济更新、社会更新和环境更新（林显鹏，2010）。在全运周期内，要用“惠民工程”为体育场馆建设“把脉”，采用“惠民成效”指标分析全运会体育场馆建设情况。

综上所述，学者从多角度对全运会体育场馆建设进行研究。一方面，集中体现出全运会体育场馆建设就是要惠及广大人民群众。另一方面，表现出经济学与地理学的相关理论与方法受到国内学者的广泛关注。

体育场馆建设是为了保障全运会的举办和赛后开展群众健身活动，只有充分发挥体育场馆的社会效益和经济效益，才能使其更好地提供公共服务。体育场馆建设“惠民成效”的考量就是落实体育场馆提供公共服务的过程。对体育场馆建设“惠民成效”的分析可以发现体育场馆建设惠民实践过程中存在的问题。以经济地理学的方法与理论对全运会体育场馆建设“惠民成效”最优方案提出建议具有可行性。

1.1.3 研究内容的逻辑关系

本书以鲁、辽、津三届全运会举办地的体育场馆为研究对象。通过调查分析鲁、辽两届全运会，分析第十三届全运会举办地（天津市）体育场馆建设惠民成效情况，提出研究对策与建议。

本书从健身活动丰富、就业、收入、社会稳定、体质水平提高五个层面分析鲁辽津三届全运会体育场馆建设惠民产生的社会效应；从拉动投资、带动消费、产业波及效应、产业结构调整优化四个层面分析鲁辽津三届全运会体育场馆建设产生的经济效应；从创造宜居城市和提升城市形象两个层面分析鲁辽津三届全运会体育场馆建设产生的环境效应。本书运用经济地理学理论对第十三届全运会天津体育场馆建设惠民成效进行实证研究："点-轴-网"模式的理论基础、一般问题及其设计；影响第十三届全运会体育场馆建设惠民成效的因素；构建天津体育场馆建设布局的"点-轴-网"模式；阐释天津体育场馆建设布局 "点-轴-网"模式的惠民成效最优性。本书提出未来全运会及大型比赛体育场馆建设惠民成效最优方案的对策与建议：(1) 推进体育场馆"网络"布局模式的建设；(2) 加强街道、社区级中心点（体育场馆）的建设；(3) 通过政府购买服务、社会力量参与，促进体育场馆的运营与发展；(4) 鼓励体育场馆免费或低收费开放，完善健身消费政策。本书的研究内容如图1-1所示。

1.1.4 研究过程和研究方法

1）研究过程

本书在诠释全运会体育场馆建设惠民成效实施意义的基础上，调查了我国全运会体育场馆建设惠民成效存在的问题以及其影响因素，从而运用经济地理学相关理论，构建天津体育场馆建设布局的"点-轴-网"模式，并提出了未来全运会及大型比赛体育场馆建设惠民成效最优方案的对策与建议。理论研究方面，主要关注经济地理学的"增长极"、"点-轴"系统、"网络化"理论、城市公共体育设施建设"点-轴-网"布局基础和设计理论、GIS理论等；实证研究方面，主要考察我国鲁辽

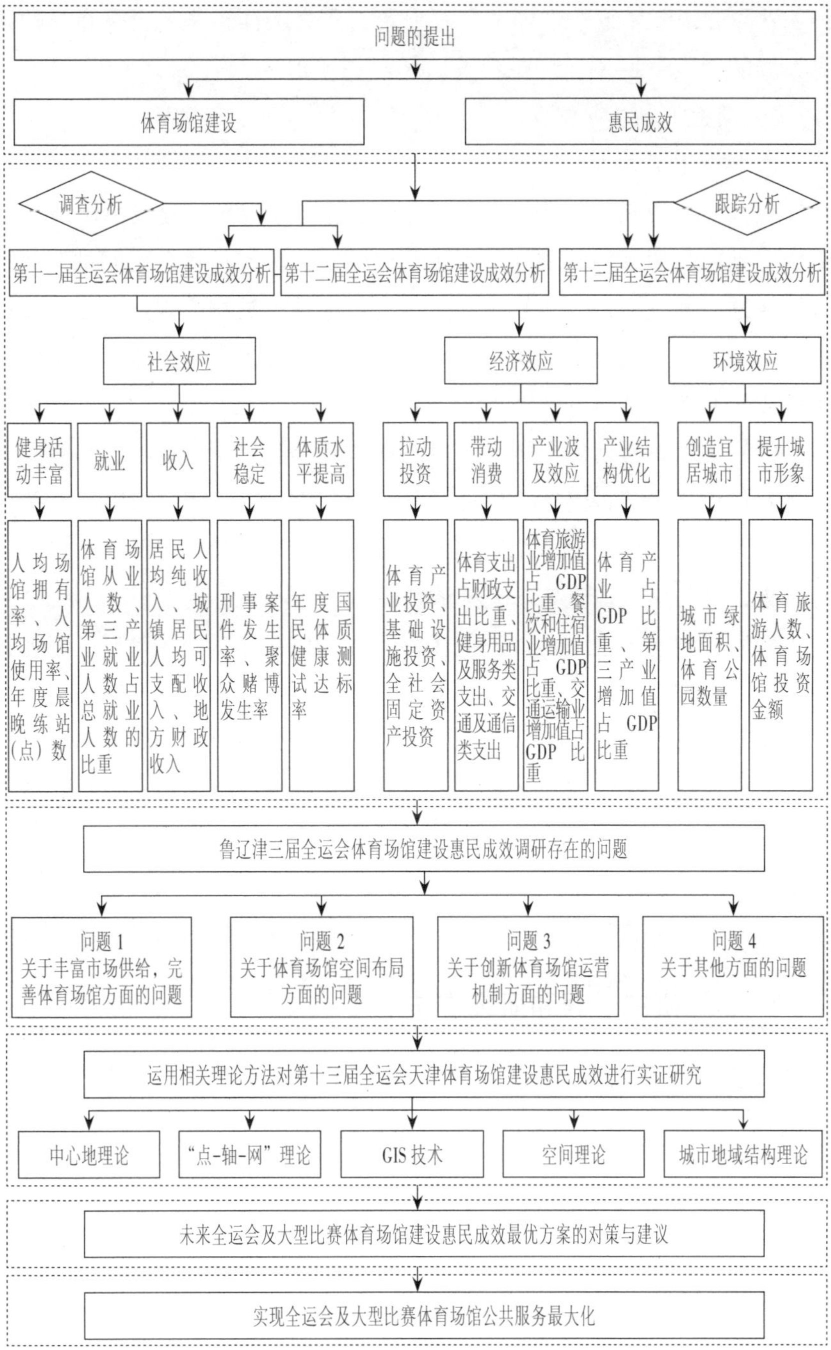

图 1-1　本书的研究内容框架图

津3个省份体育场馆建设惠民成效现状，研究天津市全运会体育场馆建设布局的“点-轴-网”理论模式。

2）研究方法

本书采用了如下研究方法：

（1）文献资料法。利用CNKI检索全运会体育场馆建设惠民成效的相关文献；利用互联网访问国家统计局网站、国家体育总局网站等获取有关数据；通过查询《第六次全国体育场地普查数据公报》以及《体育事业统计年鉴》（2009—2019年）获取鲁辽津三届全运会体育场馆建设惠民成效的数据资料。

（2）实地调查法。一方面，对鲁辽两届全运会举办地（山东省和辽宁省）体育场馆建设的惠民成效情况进行实地调查。另一方面，对第十三届全运会前、中、后三个阶段天津市的体育场馆建设惠民成效状况进行调查，进一步获取真实、完整的数据资料。

（3）专家访谈法。访谈国家体育总局、鲁辽津三地体育局、高等体育院校、专家学者等。

（4）数理统计法。对调查所得数据，运用SPSS19.0进行统计分析，确保研究的科学性。采用统计学方法对统计数据进行整理、汇总并加工成统计图表，用以说明鲁辽津三届全运会体育场馆建设惠民成效的状况。

（5）案例分析法。针对鲁辽津三届全运会体育场馆建设惠民成效中的问题，运用经济地理学理论与方法，提出改进与完善建议。

（6）GIS分析法。对鲁辽津三届全运会体育场馆建设惠民成效的社会经济信息进行查询、检索和统计，提出体育场馆建设惠民成效的改进建议。

（7）知识图谱法。基于科学计量学理论，利用CiteSpace Ⅴ（5.1.R6SE32）可视化软件，通过“共词”分析、文献共被引分析、多维尺度分析等定性与定量结合的方法，形成相关知识图谱，进一步分析全运会体育场馆建设惠民成效的热点以及演化趋势。

1.2 全运会体育场馆的界定及其功能定位

1.2.1 全运会体育场馆的界定

全运会体育场馆就是举办全运会赛事所需要的体育场馆。全运会赛事的举办离不开体育场馆的建设，对于体育场馆的概念，不同学者从不同角度进行界定研究。曹缔训等学者认为，体育场馆是为了满足运动训练、运动竞赛和群众健身娱乐的需求而专门修建的各类运动场所的总称。它主要包括具有一定规模的场、馆、池，开展学校体育活动所需要的相关室内、室外的场地、体育馆、运动设施等。[①]苏秀华认为，体育场是指有400米跑道（中心含足球场）、跑道6条以上并有固定看台的室外田径场地；体育馆是指有固定看台的，可供各种球类项目以及健身操类项目等用于比赛、训练以及休闲活动的室内场地。[②]谭群林则认为体育场馆是体育竞赛、训练及健身娱乐活动的载体。[③]由此可见，体育场馆是一个含义较为宽泛的专有名词，其与“体育建筑”和“体育设施”有密切联系。相关体育建筑设计规范对体育建筑和体育设施进行了明确界定，体育建筑是以体育比赛、体育训练、体育文娱活动为主要开展内容的建筑物，体育设施是指作为体育竞技、体育教学、体育娱乐和体育锻炼的体育建筑、场地、室外设施以及体育器材等的总称。体育场馆包括在“体育建筑”和“体育设施”范围之内，或者说可以说体育场馆更加强调体育场和体育馆，除了体育场和体育馆之外还包括其他设施和建筑物。借鉴相关规范对体育建筑和体育设施的界定，本书中的体育场馆指能够开展各个运动项目比赛、训练、休闲娱乐的运动场馆的总称。

曹缔训等学者认为，依据用途可将体育场馆分为群体活动、运动训练和运动竞赛体育场馆；依据管理形式可将体育场馆分为国有、单位、私有、外商独资或合资体育场馆；依据规模可将体育场馆分为综合性体

---

① 曹缔训，蔡海波. 体育产业经营管理［M］. 武汉：湖北科学技术出版社，1994.
② 苏秀华. 体育产业经营与管理［M］. 北京：北京体育大学出版社，2008.
③ 谈群林. 体育场馆经营管理实务［M］. 广州：华南理工大学出版社，2011.

育中心、单项体育中心与单一体育中心。[①]曹亚东提出按照运动项目可将体育场馆分为专项和综合性体育场馆，按照标准化程度可将体育场馆分为标准与非标准体育场馆。[②]

前文描述的全运会体育场馆是举办全运会赛事所需要的体育场馆，显而易见，这样的表述缺乏规范性和科学性。全运会体育场馆是举办全运会赛事所需要的那部分体育场馆，而不是体育场馆的全部。划分出用于举办全运会的体育场馆是核心问题，界定出适用全运会赛事的体育场馆是关键。从体育场馆具有竞技属性的角度出发，全运会体育场馆是能够满足全运会竞技要求的体育场馆。

相关体育建筑设计规范对体育建筑进行了等级的划分（见表1-1）。从表1-1可以看出，乙级以上的体育建筑是可以举办全运会的。那么，乙级以上体育建筑是如何定义的呢？

表1-1 **体育建筑等级分类表**

	等级	主要使用要求
1	特级	举办亚运会、奥运会及世界级比赛主场
2	甲级	举办全国性和单项国际比赛
3	乙级	举办地区性和全国单项比赛
4	丙级	举办地方性、群众性运动会

注：作者根据相关资料整理。

表1-2、表1-3、表1-4的规模分类与表1-1规定的等级存在对应关系，相关设施、设备及标准也应相匹配。[③]因而，《大型体育场馆免费低收费开放补助资金管理办法》将补助资金范围明确如下：观众座位数20 000个（含20 000个）以上的体育场、座位数3 000个（含3 000个）以上的体育馆、座位数1 500个（含1 500个）以上的游泳馆（跳水馆）。[④]从这一点来看，全运会体育场馆座位数的要求在国家层面是具

① 曹缔训，蔡海波. 体育产业经营管理［M］. 武汉：湖北科学技术出版社，1994.
② 曹亚东. 体育产业经营管理［M］. 西安：西安交通大学出版社，2015.
③ 中华人民共和国建设部，国家体育总局.《体育建筑设计规范》（JFJ31-2003）［R］. 北京：2003.
④ 大型体育场馆免费低收费开放补助资金管理办法（财教〔2014〕54号）［EB/OL］. https：//www.jiujiang.gov.cn/xxgk/zdlyxxgk/shgysy/whty/whytss/201911/t20191116_2175826.html.2014.

有一定连续性的。

表1-2 体育场规模分类表

	分类	观众席容量（座）
1	特大型	60 000以上
2	大型	40 000~60 000
3	中型	20 000~40 000
4	小型	20 000以下

注：作者根据相关资料整理。

表1-3 体育馆规模分类表

	分类	观众席容量（座）
1	特大型	10 000以上
2	大型	6 000~10 000
3	中型	3 000~6 000
4	小型	3 000以下

注：作者根据相关资料整理。

表1-4 游泳设施规模分类表

	分类	观众席容量（座）
1	特大型	6 000以上
2	大型	3 000~6 000
3	中型	1 500~3 000
4	小型	1 500以下

注：作者根据相关资料整理。

《公共文化体育设施条例》阐释了公共文化体育设施的定义，说明了公共文化体育设施的政府属性和对外开放的性质以及非营利性的经济学属性，并且将公共文化体育设施同图书馆等文化场馆并列起来。由此可见，体育场馆尤其是具有一定规模的全运会体育场馆在公共文化体育设施的范畴内。

综上所述，全运会体育场馆是指具有开放性和公益性、达到一定座位数量规模，观众座位数20 000个（含20 000个）以上的体育场、座位数3 000个（含3 000个）以上的体育馆、座位数1 500个（含1 500个）以上的游泳馆（跳水馆）、用于举办全运会赛事的多种类体育场馆。

1.2.2 全运会体育场馆功能的定位

体育场馆是体育事业和体育产业发展的重要载体，具有重要的基础性作用。曹亚东在其研究中指出，体育场馆最直接的功能就是为开展体育运动提供必要和合适的场所，兼有促进民众健康水平提高、加速体育产业发展和完善城市功能的间接功能。[①]高晓波等认为体育场馆的功能定位要注重体育赛事与赛后综合利用、设计契合城市风格同时在运营中要兼顾经济性与公益性。[②]蔡朋龙等则认为体育场馆还具有提供体育服务、商业、休闲娱乐及居住功能。[③]

《公共文化体育设施条例》指出体育场馆是以传播科学的体育运动理论知识，传承优秀的体育文化，发展日趋成熟的体育产业，普及与开展全民健身活动，提高体育竞技水平等为宗旨而服务社会和人民群众的。此外，《公共文化体育设施条例》还对体育场馆的功能进行了限定，一方面，要求体育场馆对社会开放，鼓励机关、学校等单位内部的体育场馆向公众开放；另一方面，要求体育场馆提供服务可以适当收取费用，收费项目和标准应当经县级以上人民政府有关部门批准。这些要求进一步明确了体育场馆的对外开放功能和非营利功能。

《关于加强大型体育场馆运营管理改革创新 提高公共服务水平的意见》明确了体育场馆的作用与功能。首先，大型体育场馆是开展公共体育服务、发展体育事业的重要物质基础，对于完善城市功能、推动全民健身、服务和改善民生具有重要作用。其次，针对体育场馆的运营管理，提出了提升公共服务水平、建设公共体育服务体系的指导思想。主要通过鼓励大型体育场馆创新惠民举措，在服务项目和公共服务范围两

---

① 曹亚东. 体育产业经营管理［M］. 西安：西安交通大学出版社，2015.

② 高晓波，陈淑莲，乔玉，等. 大型体育场馆的空间布局和功能定位及政府决策［J］. 体育学刊，2014，21（2）：40-46.

③ 蔡朋龙，王家宏，李燕领，等. 城市体育服务综合体的内涵、功能定位与长效机制［J］. 南京体育学院学报（社会科学版），2016，30（6）：63-68；78.

个层面上进行扩展，在不同时段免费或低收费向公众开放，提高使用率。最后，明确了大型体育场馆的体育功能。充分发挥大型体育场馆主体功能，有利于引进国内外体育赛事，有利于创办自主品牌赛事，有利于开展群众喜闻乐见、丰富多彩的竞赛、表演、健身等活动。

《关于加强大型体育场馆运营管理改革创新 提高公共服务水平的意见》所称大型体育场馆是指要达到体育建筑设计规范的相关规模条件的具有政府属性和对外开放性质的体育建筑。相关的规模规定是以《体育建筑设计规范》(JGJ 31-2003）为依据，其分别对体育场、体育馆、游泳馆以及跳水馆的看台座位数进行了明确规定。①大型体育场馆的界定与上述全运会体育场馆概念的内涵是一致的。

综上所述，全运会体育场馆的功能是指大型体育场馆为竞技体育赛事、全民健身活动以及多元化体育服务举行或开展发挥的有利作用。

1.3 全运会体育场馆建设的研究意义及其研究目标

1.3.1 全运会体育场馆建设的研究意义

1）对全运会场馆建设进行研究具有助力实现国家体育战略目标的学术意义

《加快发展体育产业促进体育消费的若干意见》(以下简称《若干意见》）明确提出：推行场馆设计、建设、运营管理一体化模式，将赛事功能需要与赛后综合利用有机结合，进一步创新体育场馆运营机制。可见，全运会体育场馆建设是创新体育场馆运营机制、推行一体化模式中重要的环节，与全运会体育场馆的复合经营能力、服务领域以及配套服务有着密切的联系。

全运会体育场馆建设的重要意义凸显于大型体育场馆功能改造方面。《关于促进全民健身和体育消费推动体育产业高质量发展的意见》明确提出推进各省份全运会体育场馆“改造功能、改革机制”的改革试

---

① 国家体育总局经济司. 关于加强大型体育场馆运营管理改革创新，提高公共服务水平的意见［EB/OL］.［2013-10-28］.http: //www.sport.gov.cn/jjs/n5033/c673419/content.html.

点工作。改善部分设备设施老旧的全运会大型体育场馆功能，加入智能化设备及设施，从而实现全运会大型体育场馆服务全民健身的功能。

2）对全运会体育场馆建设的研究具有完善体育场馆市场体制机制的学术意义

有关统计数据显示，截至2018年底，全国人均体育场地面积为1.86平方米，这与之前相关文件中提出的“到2025年，人均体育场地面积达到2平方米”的发展目标相比，还有差距。研究全运会体育场馆建设具有非常重要的现实意义。首先，突出惠民建设的指导思想。各级政府结合城镇化发展统筹规划体育设施建设，合理布点布局，重点建设一批便民利民的中小型体育场馆、公众健身活动中心、户外多功能球场、健身步道等场地设施。其次，突出改造的建设思路。不断盘活存量资源，改造旧厂房、仓库、老旧商业设施等用于体育健身。再次，突出政府购买服务工作模式。鼓励社会力量建设小型化、多样化的活动场馆和健身设施，政府以购买服务等方式予以支持。最后，加大体育场地设施建设规模。在城市社区建设15分钟健身圈，新建社区的体育设施覆盖率达到100%。推进实施农民体育健身工程，在乡镇、行政村实现公共体育健身设施全覆盖。[①]

3）对全运会体育场馆建设的研究具有深入开展体育产业研讨的学术意义

《体育产业统计分类（2019）》将体育产业划分为11个大类、37个中类、71个小类。在11个大类中包括体育装备制造类、体育服务类以及体育场馆建设类。《体育产业统计分类（2019）》在体育产业的发展与管理中起到重要的指导作用，是体育产业发展的纲领性文件，推进了体育产业的学科和全域性发展。[②]针对全运会体育场馆建设的研究对于体育产业的发展具有重要作用。体育场馆是体育产业发展的重要载体。全运会体育场馆建设与体育产业分类中的管理、服务、培训、中介、传媒、竞赛表演、赛事举办等多个产业项目具有关联性。

① 国务院关于加快发展体育产业促进体育消费的若干意见（国发〔2014〕46号）[EB/OL].［2014-10-20］.http：//www.gov.cn/zhengce/content/2014-10/20/content_9152.htm.

② 体育产业统计分类（2019）（国家统计局令第26号）[EB/OL].［2019-04-09］.http：//www.stats.gov.cn/tjgz/tzgb/201904/t20190409_1658556.html.

例如，全运会体育场馆建设的规模与质量直接影响体育竞赛、表演等活动的门票收入等，进而影响赛事活动的直接经济效益。此外，全运会体育场馆建设是发展体育场馆服务综合体、构建场馆服务产业链的重要一环。将全运会体育场馆打造成为城市体育服务综合体已经成为体育产业领域的发展趋势。首先，培育并发展全运会体育场馆使之成为综合运营的产业链，以“体育为核心、兼顾相关产业”为运营指导思想，兼顾发展全民健身、体育培训、康体医疗、文艺演出、商务会展、中介与租赁等衍生产业。其次，激发并释放综合运营产业链，提供多元化的供给服务，形成集商务、会议、餐饮、旅游等于一体的多元化的全运会体育场馆综合体。通过对全运会体育场馆建设进行研究，能为构建体育场馆服务产业链、实现多元体育服务供给奠定坚实的基础。

4）对全运会体育场馆建设的研究具有助力城市发展的重要意义

谭建湘教授在“2017中国体育产业与城市发展高峰论坛”上提出，大型体育场馆建设对周边建设的辐射与拉动效应有力地推进了城市的变迁，广州城市发生的变化与其举办过的第16届亚洲运动会（2010年）、第八届全国大学生运动会（2007年）、第九届全运会（2001年）等有着密切的关系，2011年世界大学生运动会的举办使得深圳市基础设施建设提速了15年。[①]全运会体育场馆建设推进了城市规划。例如，在第九届全运会的筹备阶段，赛事组委会按照广州向东部扩展的城市发展规划总体要求，在广州市的东部设计建设了奥林匹克中心。又如，第十三届全运会有大量的体育场馆建设在高等学校，不仅有利于缓解或规避体育场馆赛后利用率低的问题，而且有利于城市文化实力的提升。针对全运会体育场馆建设的研究对于塑造城市形象、提升城市品位、增强城市凝聚力、积淀城市文化等方面具有独特作用。有关数据显示，F1中国大奖赛和上海ATP1000大师赛在国外主流社交媒体的浏览量分别达到8 700万次和5 080万次。[②]

---

① 谭建湘．大型体育场馆建设与城市发展密切相关［EB/OL］．［2017-11-29］.https：//www.sohu.com/a/2 06949706_505663.

② 澎湃上海．上海哪些体育赛事影响力最大？一图看懂！［EB/OL］．［2021-05-11］．https：//www.sohu.com/a/ 399366250_526032.

5）针对全运会体育场馆建设的研究具有助力惠民工程实施的重要意义

惠民思想已经成为体育公共服务领域的核心理念。第十二届全运会体育场馆建设的理念是“满足赛事基本需求，严格控制资金投入，兼顾场馆赛后利用”，这种理念是打造公共服务精品工程、实现全运惠民的前提条件。第十二届全运会沈阳建设的1个市级和13个区级全民健身中心充分体现出惠民、节俭、实用的全运会惠民理念，彰显了“服务全运，惠及民生”的全运会举办宗旨。由此可见，“全运惠民工程”是全运会体育场馆建设研究的目标任务，换言之，针对全运会体育场馆建设进行研究是“全运惠民工程”实施的具体层面。2016年，天津市将园林景观与体育健身相结合修建了惠及百姓的富民体育公园，[①]充分体现了合理利用旅游景区、郊野公园、城市公园、公共绿地及空置场所建设健身场地设施的全运惠民思想，使广大群众得到了健身锻炼的获得感、强身健体的幸福感。

6）对全运会体育场馆建设的研究具有助力实现社会效益和经济效益最大化的重要意义

全运会体育场馆建设是一项具有公益性的事业。山东省在第十一届全运会体育场馆赛后利用中提出：“让全运会之后的体育场馆更加接近市民和城市，将是非常关键的目标和方向。”第十二届全运会赛前，组委会提出：“赛后经营不追求盈利性，其收入是为了维护场馆，使其在赛后更好地开放使用。”天津则提出第十三届全运会体育场馆是为了满足全民健身活动的需求，是解决百姓健身难的举措之一。体育文化遗产是全运会体育场馆社会效益开发的一种模式，赛后体育场馆成为体育赛事的文化遗产，成为体育旅游的重要组成部分。第十二届全运会新建的3个体育场馆全部在大学校园内。全运会体育场馆选址于高校能效实现赛后体育场馆的再利用，对高校体育事业的发展起到了积极的推动作用。

全运会体育场馆是体育产业中一个重要的行业分支，对社会就业和

---

① 天津日报．全力推进“全运惠民工程”［EB/OL］．［2016-06-14］．https：//china.huanqiu.com/article/9CaKrnJVVn8.

拉动消费都发挥着重要的作用。首先，在体育旅游融合的背景下，体育场馆与旅游开发相融合，进而带动体育场馆消费。第十二届全运会体育场馆的建设布局充分考虑城市的资源特点，形成了富有特色的体育场馆，为体育场馆赛后转型提供了有利的条件，成为拉动居民消费的“主战场”。第十一届全运会结束后，青岛帆船帆板比赛场地与当地海上资源相互融合形成海景健身长廊，有效提高了综合经济效益。其次，体育场馆赛后运营会产生经济效益。全运会之后的体育场馆可以利用举办大型体育赛事、大型演唱会等契机拉动当地的直接消费。可以优化并拓展体育场馆的功能与效用。最后，重新规划建设体育场馆周边的配套设施能带动整个区域的经济发展。第十二届全运会结束后，辽宁省14个地级市建设的“一场两馆”都进行了体育场馆周边配套设施的建设与改造。大连体育中心所在地块2019年开发建设万达体育新城，该区域内拥有四级商业：第一级商业是项目自身配备的社区级商业，为业主提供便利生活条件；第二级是区域东侧的商业发展轴；第三级是南关岭万盛购物广场及商业街；第四级是多次升级的华南商圈（亿合城、安盛等）。“三横三纵”交通网（“三横”即岚岭路、岭西路、土革路，“三纵”即西北路、新山东路、甘南路）使得该区域的经济环境更具有发展潜力。

1.3.2 全运会体育场馆建设的研究目标

1）以经营权为抓手推行体育场馆运营管理机制改革

体育场馆机制改革是将所有权和经营权分离的改革。《关于促进消费带动转型升级的行动方案》发布后，为贯彻落实此方案，江苏、浙江、重庆开展了分离改革试点。大型体育场馆在分离改革的过程中要处理好公共服务供给、运动队训练障碍、体育场馆维修改造资金来源、房产税和城镇土地使用税缴纳等问题，需要考虑各地的实际情况，深入研究和分析，分类设计方案，以推动体育场馆管理体制改革深入发展。体育场馆体制改革的核心目标是提高体育场馆的公共体育服务水平和综合运营管理水平。

2）以打造体育综合体提升体育场馆供给能力

《关于促进全民健身和体育消费推动体育产业高质量发展的意见》

把“深化‘放管服’改革，释放发展潜能”放在突出的位置，将体育场馆运营管理纳入新一轮的改革进程中，鼓励各地推进公共体育场馆“改造功能、改革机制”工程。体育场馆设施功能改造是指通过对原有体育场馆功能的改造和体育设施的增加，形成体育综合体。体育综合体的类型如下：提升型体育综合体、改造型体育综合体、商业型体育综合体、社区型体育综合体。体育综合体的形成，可以更好地提供公共体育服务，在体育场馆基本公共服务的基础上，新增体育场馆非基本的公共体育服务，使得体育场馆更好地为人民群众服务。

3）以培育体育场馆市场主体为动力强化市场竞争力

培育体育场馆市场主体的形式各具特色。首先，在体育场馆事业单位管理改革的前提下，根据事业单位的类别、体育场馆的功能与属性，对体育场馆事业单位实施“转企改制”。其次，引入现代企业制度，优化国有体育场馆企业的资产管理，深化国有体育场馆企业改革，培育具有较强市场竞争力的国有体育场馆企业成为体育场馆市场的主体。最后，采取政府购买服务方式、PPP模式、委托—代理管理模式等，实现政府与民营企业的合作。

4）以体育场馆综合体为依托构建体育场馆服务产业链

以体育场馆产业链的发展思想为指导，以体育场馆的地理、人文、自然、经济、社会、环境等影响要素的禀赋条件为依据，对体育场馆的功能进行定位与划分，在此基础上，发挥“体育场馆+”的多元化发展功能，集全民健身、竞技训练、赛事表演、体育培训、体育会展、康复医疗、健身休闲、体育旅游等众多体育产业业态为一体。同时，融合相关服务产业，与吃、住、行、游、购、娱等相互结合，形成体育场馆服务综合体，最终构建提供多元服务的体育场馆产业链。

5）以培养运营管理人才为杠杆，撬动体育场馆运营管理的可持续发展

专业人才是体育场馆运营管理不可或缺的软实力。加强专业运营管理人才培养工作不容忽视。首先，利用与体育场馆专业运营商合作的契机，充分挖掘专业运营管理商的人才优势，在提升体育场馆运营效能的同时，有效利用委托方式对体育场馆运营管理人员进行培养。其次，征

求当地人事、财政等政府主管部门意见，积极出台体育场馆事业单位“转岗进企”和体育场馆事业单位引进高层次运营管理专业人才的支持政策。再次，采取灵活机动的高层次人才引进方式，如劳动报酬的年薪制、协议制、项目制等。最后，利用体育场馆行业行政管理的优势，体育部门定期举办运营管理人员的培训班和提升班。

6）以政策法规为支撑，保障体育场馆运营管理的良好生态

体育场馆运营管理的政策法规是其规范、高质量发展的支撑与保障。首先，针对各类体育场馆的管理归属差异，完善运营管理的有关政策，提高对体育场馆运营管理的指导效率。其次，出台体育场馆免费、低收费对外开放的实施政策和奖励政策。再次，要加强体育场馆委托管理的政策指导，推广能够起到示范作用的合同、案例等，以此确保体育场馆国有资产的保值增值。最后，进一步明确影响体育场馆改革的政策要求及适用性，确保体育场馆运营管理政策改革的高效性。

1.4 全运会体育场馆建设研究的历史演进

1.4.1 国外体育场馆建设状况研究

本书中的国外体育场馆建设状况研究采用的是美国德雷赛尔大学陈超美开发的引文空间（CiteSpace）软件。在互联网上登录CiteSpace主页下载软件CiteSpace Ⅴ，并下载、安装相应的Java 8软件，确保CiteSpace软件能够处理文献数据。引文空间的可视化分析软件特别侧重科学计量化研究[①]，能够将知识图谱、引文网络等以可视化的数据模式呈现出来[②]。该软件已经被广泛运用到多个领域，其可以通过分析学科领域的整体状况和提供关键性历史文献展示优良的功能优势[③]。该软件对文献数据的整理与挖掘工作起到重要作用，能够为某个领域或某个

① 李杰．CiteSpace中文版指南［EB/OL］．［2006-11-05］．http：//blog.sciencenet.cn/blog-554179-1 066981. html.

② CHEN CM. Cite space Ⅱ：detecting and visualizing emerging trends and transient patterns in scientific literature［J］．J Am Inf Sci Technol，2006，57（3）：359-377.

③ 陈悦，陈超美，胡志刚，等．引文空间分析原理与应用［M］．北京：科学出版社，2014.

专题研究提供科学可靠的研究基础。

登录Web of Knowledge（SCI/SSCI/CPCI）外文数据库，选择Web of Science核心合集数据库，以主题词的方式高级检索“体育场馆建设”，经过检索相关外文资料，并利用《牛津高阶英文字典》对“体育场馆建设”的英文表达方式进行反复确认，最终将“体育场馆建设”确认为“Construction of Stadium or Gymnasium or Sport venue”，即在Web of Science数据库中表示为“TS=（Construction of Stadium* OR Gymnasium OR sport* venue*）”，并将语种设置为“English”，文献类型设置为“Article”，时间跨度设为所有年份。检索结果为1 224篇与“体育场馆建设”关联的文献资料。在检索结果页面点击“导出”，以“全记录与引用的参考文献”的记录内容和“其他参考文献软件”的文件格式将文献按照“download_N.txt”格式导出。文献数据的抓取时间为2020年2月3日。

1）年度发文状况分析

在Web of Science数据库中，对“体育场馆建设”检索结果的“出版年”进行整理，得出有关体育场馆建设在1952—2020年的发文量。年度发文量由1952年的1篇增加到2019年的97篇，年度发文量与时间为指数函数关系，且指数函数曲线呈上升趋势，即自1991年以来研究文献的年度发文量是呈现逐年上升趋势的。1999—2019年，发文量年均增加率为11.16%，说明这20年体育场馆建设研究在国际上受到越来越多的研究者的关注。实践证明，体育场馆建设已经逐渐成为学术研究的热点之一。

基于国外体育场馆建设文献数量逐年增长的态势，以“National Fitness”作为主题词在Web of Science数据库中进行检索。1945年至2019年共有文献5 073篇（检索数据的截止时间为2020年2月3日），发现文献数量呈逐年增加的趋势。利用Stata计量软件对“体育场馆建设”和“全民健身”两项数据进行相关性分析，发现二者呈现非常显著的正相关关系（r=0.9730，P<0.01）。这说明人们逐步关注健身休闲活动的热情必将引致对体育场馆的多元化需求。

2）国家发文状况分析

在Citespace操作面板上，“node types”选择“country”，对体育场

馆建设的检索结果文献进行“国家”归属进行整理分析。“time slicing”设置为1999—2019年，并设置每6年为一片层进行运算。“pruning”设置为“pathfinder”和“pruning sliced networks”。经过Citespace运算得到体育场馆建设研究发文数量状况一览表（见表1-5）。

表1-5　**1999—2019年体育场馆建设研究发文数量状况一览表**

（发文量排名前20位的国家或地区）

序号	国家（或地区）	发文量（篇）	所占百分比（%）	中心度
1	美国	344	24.54	0.36
2	澳大利亚	122	8.70	0.16
3	英国	119	8.49	0.27
4	中国大陆	117	8.35	0.09
5	德国	78	5.56	0.30
6	加拿大	68	4.85	0.08
7	意大利	35	2.50	0.03
8	瑞士	33	2.35	0.13
9	新西兰	30	2.14	0.10
10	巴西	26	1.85	0.06
11	西班牙	25	1.78	0.13
12	日本	25	1.78	0.00
13	法国	22	1.57	0.21
14	荷兰	19	1.36	0.00
15	希腊	18	1.28	0.05
16	挪威	18	1.28	0.13
17	瑞典	17	1.21	0.10
18	以色列	15	1.07	0.00
19	葡萄牙	14	1.00	0.01
20	中国台湾	14	1.00	0.01

该方面的检索文献覆盖72个国家，总发文量为1 402篇。从表1-5可以看出发文量最多的国家是美国，发文344篇，占总发文量的24.54%，说明美国在该方面的研究水平最高、影响力最强。同时运算结果显示美国的中心度为0.36，进一步表明美国在国际体育场馆建设研究领域的高度中心性特征，在全球范围具有很强的权威性。中国位居第四位，发文量为117篇，占总发文量的8.35%，中心度指标为0.09。同时，在Web of Science数据库以主题词“National Fitness”（全民健身）依据国家/地区进行检索，发现美国发文量最高为2 392篇，列在第二位的是中国为650篇，第三位的是英国为595篇。中国在国际“体育场馆建设”和“全民健身”方面的发文量分别为第四位与第二位。这说明中国在“全民健身”方面的研究更为突出，中国“全民健身”的发展成为学术界较为关注的热点问题。

3）学科方向分析

在CiteSpace操作面板上，“node types”选择“category”，文献的时限设置为1999—2019年，“time slicing”设置为每6年为一个片层。“pruning”设置为“pathfinder”和“pruning sliced networks”。经过Citespace运算得出体育场馆建设研究的学科方向知识图谱状况（见表1-6）。

表1-6 **1999—2019年体育场馆建设研究的学科方向知识图谱状况（前10位）**

序号	学科方向	频次	中心性
1	Sport sciences（体育科学）	160	0.03
2	Engineering（工程学）	158	0.30
3	Social science-other topics（社会科学及相关主题）	135	0.04
4	Hospitality leisure sport & tourism（酒店休闲体育与旅游）	119	0.18
5	Public，environmental & occupational health（公共环境职业健康）	94	0.07
6	Business & economics（商业经济）	91	0.09
7	Psychology（心理学）	89	0.12
8	Engineering，civil（工程，土木）	86	0.05
9	Construction & building technology（建筑施工技术）	69	0.05
10	Educational research（教育研究）	67	0.06

从表1-6可以看出，1999—2019年体育场馆建设的研究文献涉及的学科出现频次排在第一位的是体育科学，其次是工程学、社会科学及相关主题等。可见，国际体育场馆建设研究已经形成了交叉跨界的多学科研究格局。工程学和酒店休闲体育与旅游的中心度分别为0.30和0.18，说明工程学和酒店休闲体育与旅游在体育场馆建设研究领域居于核心位置。体育科学在所涉及学科中出现频次排名第一，但是其中心度仅为0.03，这说明体育场馆建设在体育科学领域的研究尚未表现出领先的地位。

4）文献来源期刊分析

在Web of Science数据库中，以1999—2019年为时限条件检索得到1 112篇文献记录。在文献整理过程中，梳理文献的来源期刊能够发现体育场馆建设研究发表在国际期刊的分布格局，找出体育场馆建设研究在国际期刊的集聚状况。检索出的1 112篇文献发表在647种学术期刊上，发文量为7篇以上的有17种期刊，发文数量为3~6篇的有70种刊物，发文量为1~2篇的期刊有560种。研究文献涉及体育科学、历史、商业经济、微生物学（食品科学技术）、整形手术、生理学、建筑学、环境科学与生态学、都市学、建筑施工技术、工程学、康复、公共卫生、环境卫生、职业卫生等研究领域。

在刊发体育场馆建设的17种国际核心刊物中，共有9种体育类期刊，以影响因子来判断，它们中1区的刊物为2种（英国运动医学杂志和体育科学与医学杂志）、2区的刊物为5种（运动训练期刊、体育管理学杂志、体育管理评论、运动医学临床杂志、体育与运动教育学）、4区的刊物为2种（国际体育史杂志和国际体育金融杂志）。并且这9种体育类期刊中的8种刊物刊文量排列在17种刊物的前8位，也就是说，体育类期刊的刊文量不但多，而且影响因子也较高，这说明1999—2019年期间体育场馆建设研究的文献已经集中在影响力较强的体育类期刊，并且这些体育类期刊中，影响因子排在1区的期刊是运动医学类期刊，影响因子排在2区的期刊是体育管理类和体育教育类期刊，影响因子排在4区的期刊是体育史类和体育经济类期刊。体育场馆建设研究文献集中发表在影响力较强的运动医学类期刊的状况进一步揭示了体育场馆建设研究的目标之一就是发挥其运动健身的功能、满足民众健身与健康的需求，即体育场馆建设研究的诉求就是为了服务于民众参与健身活动，使体育场馆的建设更好地惠及民众。1999—2019年体育场馆建设研究来源期刊相关信息表见表1-7。

表1-7　**1999—2019年体育场馆建设研究来源期刊相关信息表**
（期刊发文量为7篇及以上）

序号	期刊	国别	影响因子（IF）	数量
1	INTERNATIONAL JOURNAL OF THE HISTORY OF SPORT（国际体育史杂志）	英国	0.206 Q4	30
2	BRITISH JOURNAL OF SPORTS MEDICINE（英国运动医学杂志）	英国	11.645 Q1	21
3	JOURNAL OF ATHLETIC TRAINING（运动训练期刊）	美国	2.253 Q2	14
4	JOURNAL OF SPORT MANAGEMENT（体育管理学杂志）	美国	2.167 Q2Q3	12
5	JOURNAL OF SCIENCE AND MEDICINE IN SPORT（体育科学与医学杂志）	英国	3.623 Q1	11
6	SPORT MANAGEMENT REVIEW（体育管理评论）	英国	2.138 Q2Q3	10
7	CLINICAL JOURNAL OF SPORT MEDICINE（运动医学临床杂志）	美国	2.702 Q2	9
8	INTERNATIONAL JOURNAL OF SPORT FINANCE（国际体育金融杂志）	美国	0.425 Q4	9
9	AGRO FOOD INDUSTRY HI TECH（农业食品工业高新技术）	意大利	0.299 Q4	9
10	OPEN HOUSE INTERNATIONAL（国际住房）	英国	0.169 Q4	9

续表

序号	期 刊	国别	影响因子（IF）	数量
11	PLOS ONE （公共科学图书馆·综合）	美国	2.776 Q2	9
12	ADVANCES IN STRUCTURAL ENGINEERING （结构工程进展）	美国	1.32 Q3	7
13	DISABILITY AND REHABILITATION （残疾康复）	英国	2.054 Q1Q2	7
14	JOURNAL OF PERFORMANCE OF CONSTRUCTED FACILITIES （竣工建筑设施性能）	美国	1.542 Q3	7
15	JOURNAL OF URBAN AFFAIRS （城市事务杂志）	英国	1.115 Q4	7
16	PHYSICAL EDUCATION AND SPORT PEDAGOGY （体育与运动教育学）	英国	2.035 Q2	7
17	INTERNATIONAL JOURNAL OF ENVIROMENTAL RESEARCH AND PUBLIC HEALTH （国际环境研究与公共卫生杂志）	瑞士	2.468 Q1Q2	7

注：期刊影响因子数据来自 Journal Citation Reports（2018年）。

5）关键词分析

在CiteSpace软件中，对文献的关键词进行共现分析。time slicing设置为“1999—2019”，每6年为一片层。node types设置为“keyword”，thresholding（c、cc，ccv）选择（2、2、20，4、3、20，4、3、20）；pruning选择“MST”和“pruning sliced networks”。经过运算得出关键词研究的“共现”分析图谱。

关键词是文献中心内容的标志和代表符号，关键词在文献中的显示频次是反映与判断某领域研究热点的重要指标。在知识图谱中，关键词共现的运算结果可以分析出某领域研究热点及其变化情况。在关键词形成共现网络的知识图谱中，关键词频次计量通过节点大小反映，关键词共现关联的强度可由节点之间连线粗细状况来反映。关键词的中心性则表示关键词在共现网络中的重要程度。

从表1-8可以看出，“运动”（Sport）是出现频次最高的关键词。“运动”的研究主要表现在体育场馆对房地产价格的影响、世界杯体育场馆建设的政治意义、冬奥会场馆伤病流行病学分析、体育场馆建设与观众的需求、体育场馆建设融资、体育场馆建设对城市发展的影响、体育场馆运营管理方面。体育场馆对房地产价格有积极影响（Gabriel et al., 2014）。研究表明，南斯拉夫进行的体育场馆革命是与其国家体育和社会的发展阶段相吻合的（Richard，2017）。体育场馆具有全球传播力并对世界级城市的建设起到积极作用（Horne，2011）。

表1-8 **1999—2019年体育场馆建设研究关键词频次与中心性信息表**

（频次与中心性前10位）

序号	高频关键词	频次	高中心性关键词	中心度
1	Sport（运动）	93	Benefit（利益）	0.17
2	Exercise（锻炼）	80	Adolescent（青少年）	0.14
3	Performance（表演）	65	Physical activity（身体活动）	0.13
4	Children（儿童）	59	Internet（互联网）	0.12
5	Adolescent（青少年）	59	Motivation（动机）	0.12
6	Physical activity（身体活动）	57	Attitude（态度）	0.12
7	Health（健康）	48	league（联赛）	0.11
8	Impact（影响）	44	Involvement（参与）	0.11
9	Behavior（行为）	39	Gender（性别）	0.11
10	Stadium（体育场）	38	Prevalence（流行）	0.11

"锻炼"（Exercise）在关键词共现网络中出现频次排在第二位。"身体活动"（Physical activity）的共现频次排在第六位。关键词"锻炼"和"身体活动"代表了绝大部分的运动形式，并且这两个关键词在共现网络的共现频次指标均居于前列。体育场馆建设对于大众健身起着非常关键的作用。大学生满意状况是羽毛球馆建设设计的重要因素（Li menglong，2016）。体育景观（建成的形式和支持性基础设施）在促进青年体育参与方面具有积极作用（Norm et al.，2015）。在线健身房的设计和开发受到经营者的关注（Luca，2011）。在健身房内建糖尿病中心的做法引起人们的重视（Carmelo et al.，2011）。公共卫生和职业体育之间的合作可能为改善与体育活动有关的健康结果提供独特的机会（Antronette et al.，2009）。

6）通过文献共被引揭示研究进展

在CiteSpace操作面板上，time slicing选择2009—2019年，设置为每1年为一片层。node types选择"renference"，thresholding选择（2、2、10）、（3、2、15）、（4、3、20）。Pruning选择"pathfinder"。选择"find clusters"并采用对数似然率算法（LLR），经过Citespace运算得出体育场馆建设文献共被引网络图谱。根据不同的文献研究内容将文献共被引网络分为6个知识群。每个知识群所代表的研究内容反映的是体育场馆建设研究领域的一个研究方向。通过对这些文献的分析可以梳理出体育场馆建设研究的发展演进状况。

知识群1揭示的是体育场馆建设关于赛事经济方面的研究。关于体育联赛成本问题，联赛的匹配、体育场可用性、固定的比赛和区域容量都与联赛的成本有关（Briskorn，2011）。

知识群2反映了体育场馆建设与康复训练的关系。有学者进行了脑瘫青少年进行性阻力训练与运动功能的随机对照研究（Nicholas et al.，2013）。还有学者分析了一项随机对照试验的研究方案，旨在调查以社区为基础的力量训练方案是否能改善唐氏综合征青年人的工作任务表现（Nora et al.，2010）。

知识群3阐明了体育场馆建设与青少年体育教育的关系。体育活动资源评估在两个城市社区以儿童为中心的体育活动干预规划中的发挥着重要作用（Rita et al.，2011）。

知识群4说明了体育场馆建设与竞技体育赛事举办的关系。在2006年国际足联世界杯期间，体育场馆投资与区域经济发展具有密切关系，新体育场馆建设对收入或就业具有显著影响（Arne et al.，2009）。

知识群5反馈了体育场馆建设融资和体育场馆建设对城市发展的影响。有研究指出，非传统体育场馆建设被推荐作为支持区域重建或扩大专业运动的手段（Gabriel et al.，2010）。

知识群6是关于体育场馆建设的工程技术、工艺设计和材料运用等方面的研究。体育场馆建设不仅涉及体育学，其他学科也对体育场馆建设进行学术探讨。

6个知识群代表的研究内容反映体育场馆建设研究领域的6个研究方向，其中知识群2、3、5的康复健身、青少年体育教育、城市发展等研究内容均与全民健身存在一定的关联性。

7）小结

采取集科学计量与可视化效果于一体的知识图谱研究方法，对国际体育场馆建设领域进行分析，可得出如下结论：

第一，体育场馆建设研究在国际上受到越来越多的研究者的关注，其研究热度逐步上升。我国相关研究成果数量位于世界前列，但是研究范围与研究深度均与发达国家存在差距，具体表现为研究理论依据不充分、研究思路缺乏多元化拓展、研究纵深程度不够等。

第二，国际体育场馆建设研究的交叉融合发展模式愈发明显。相关学科对体育场馆的跨学科研究已经较为领先。实现跨学科融合是提高体育场馆建设研究水平的必由之路。

第三，发达国家体育场馆建设的研究集中在场馆赛时与赛后综合利用的统一方面。在实践中，国外体育场馆建设不但体现出公益性与经济性相统一的综合效益，更重要的是揭示出体育场馆公共服务的核心理念。

第四，从国外看，大型赛会体育场馆建设与完善的职业体育赛事体系和发达的体育产业密切相关。社区体育场馆和体育中心服务于大众体育俱乐部所形成收支平衡的经营原则、中心城市综合体育场馆服务于大型体育盛会和集会所带来的商业经营收益和场馆旅游收益、多功能体育场馆服务于大型社会活动所达成经营项目设置的灵活多样性均蕴含着经济学与地理学的相关理论。

第五，国外体育场馆建设研究中，经济地理学的相关理论发挥着重要的指导作用。“中心地理论”是关于城市“等级—规模”的学说，是“点-轴系统”理论的基础。决定各级中心地商品和服务供给范围大小的重要因子是经济距离，由费用、时间、劳动力三个要素决定。“区位理论”是体育场馆选址的重要理论依据。丹佛和底特律等城市就是通过新建体育场馆来复苏地方经济的例证。

第六，国外体育场馆建设研究为本书的体育场馆建设惠民成效研究提供了有力的文献支撑。首先，国外体育场馆建设在年度发文、国家发文方面充分表明体育场馆建设与全民健身具有一定的关联性，其中在年度发文指标上表现出二者具有非常显著的正向相关性；其次，“运动”“锻炼”“身体活动”等关键词成为体育场馆建设研究热点，为体育场馆建设旨在惠及民众提供了有力的证据支撑；最后，三个知识群涉及的康复健身、青少年体育教育、城市发展等研究内容均与全民健身存在一定的关联性。因此，惠民必将成为体育场馆建设的主要目标。

1.4.2 国内体育场馆建设现状分析

健身场地设施是开展公共体育服务、实现体育强国目标的重要物质基础，对于开展全民健身活动和改善民生具有重要作用。加强全民健身的场地设施建设是推进健康中国建设的基本保障。当前，人民群众对体育健身的多元化、全方位化的需求越来越明显，这种状况与体育场馆建设布局不合理等不利局面形成了鲜明的对比。[①]基于此，本书运用Stata计量软件，利用《体育事业统计年鉴》（2018—2022年）与相关数据库所提供的面板数据，以规模、结构、布局为研究视角，

① 新华网. 全国政协召开网络议政远程协商会，围绕“加强全民健身场地设施建设”协商议政［EB/OL］.［2020-05-08］. http: //www. xinhuanet. com/2020-05/08/c_1125959033. htm.

针对我国健身场地设施投资与建设状况进行定量分析，试图找出健身场地设施投资与建设的问题并剖析其产生的原因，进而了解国内体育场馆建设状况。

1）经济与社会要素影响下我国健身场地设施投资与建设状况辨析

相关性分析的主要目的是研究变量之间的密切程度。采用Pearson相关系数分析法进行健身场地设施投资和建设与经济和社会要素的相关性分析。从宏观经济视角出发，将国内生产总值、居民消费水平、城市人口密度、便民利民服务网点、互联网普及率5个指标与健身场地设施投资和建设的2个指标进行相关性分析。以全国31个省份的7个指标在2018—2022年发展变化的面板数据作为分析数据，找寻全国31个省份的10组变量在5年间的相关关系。数据库中存在数据不全的问题，故采取因数据缺失而剔除个别省份的统计原则，并运用Stata计量软件进行变量间的相关性分析，每组指标相关性分析的具体样本量及其运算结果见表1-9。研究发现，健身场地设施投资额度和建设面积与国内生产总值均具有非常显著的正相关关系，相关系数为$r_1=0.3524$，$P<0.01$；$r_6=0.5120$，$P<0.01$。另外，健身场地设施建设面积与便民、利民服务网点具有显著的正相关关系，相关系数为$r_9=0.2589$，$P<0.05$。这说明健身场地设施的投资和建设与国家经济发展水平息息相关，国家经济发展水平越高，健身场地设施投资和建设越富有成效。同时，更多的健身场地设施建设在更加重视便民、利民、惠民社会服务功效的省份中。其余的7组变量都不存在显著的相关关系（当$P<0.05$时）。值得一提的是，健身场地设施投资和建设与城市人口密度以及健身场地设施建设与互联网普及率的相关系数均出现了负值，但它们的相关性均不显著。这反映出健身场地设施投资和建设与居民消费水平、城市人口密度、互联网普及率的相关程度不显著。

表1-9 2018—2022年间我国健身场地设施投资和建设与经济和社会要素指标间的相关关系表

序号	变量	样本量	平均值	标准差	最小值	最大值	相关系数（P值）
1	场地设施建设投资（万元）	130	97 928.37	144 363.7	6 576.31	1 149 790	0.3524** （0.0000）
	国内生产总值（亿元）	130	26 034.73	19 126.76	2 122.06	89 705.23	
2	场地设施建设投资（万元）	130	97 928.37	144 363.7	6 576.31	1 149 790	0.0763 （0.3883）
	居民消费水平（元）	130	18 699.09	7 506.165	9 541	52 912	
3	场地设施建设投资（万元）	130	97 928.37	144 363.7	6 576.31	1 149 790	-0.1133 （0.1991）
	城市人口密度（人/平方千米）	130	2 802.469	1 161.103	1 059	5 541	
4	场地设施建设投资（万元）	75	112 594.3	165 966.5	10 124.02	1 149 790	0.0871 （0.4557）
	便民利民服务网点（个）	75	11 043.13	15 039.79	23	84 291	
5	场地设施建设投资（万元）	104	101 425.2	156 475.2	6 576.31	1 149 790	0.1145 （0.2472）
	互联网普及率（%）	104	48.80606	11.10373	32.6	77.83	

续表

序号	变量	样本量	平均值	标准差	最小值	最大值	相关系数（P值）
6	场地设施建设面积（平方米）	115	3 407 683	3 238 474	241 837	1.86e+07	0.5120** (0.0000)
	国内生产总值（亿元）	115	28 027.48	19 370.18	2 122.06	89 705.23	
7	场地设施建设面积（平方米）	115	3 407 683	3 238 474	241 837	1.86e+07	0.0465 (0.6213)
	居民消费水平（元）	115	19 074.68	7 863.51	9 541	52 912	
8	场地设施建设面积（平方米）	115	3 407 683	3 238 474	241 837	1.86e+07	-0.0841 (0.3717)
	城市人口密度（人/平方千米）	115	2 761.4	1 076.322	1 059	5 541	
9	场地设施建设面积（平方米）	66	4 161 781	3 681 657	658 780.7	1.86e+07	0.2589* (0.0358)
	便民利民服务网点（个）	66	12 004.61	15 735.08	23	84 291	
10	场地设施建设面积（平方米）	92	3 517 158	3 358 945	241 837	1.86e+07	-0.1079 (0.3061)
	互联网普及率（%）	92	49.20793	11.6843	32.6	77.83	

注：*代表 $p<0.05$，**代表 $p<0.01$。

数据来源：（1）《体育事业统计年鉴》（2018—2022年）；（2）中国国家统计局，由EPS DATA整理。

显著性的相关关系能够推断出变量之间的因果关系。便民利民服务点与健身场地设施建设的显著正相关关系可以形成便民、利民服务点的建设能够有效促进健身场地设施建设面积增加的推断。此外，上述3组变量存在的显著相关关系将为全民健身活动决策行为或政策修正的后续研究提供实证支撑。

2）我国健身场地设施投资规模分析

在《体育事业统计年鉴》中，健身场地设施分为体育健身工程（包括村级农民体育健身工程、乡镇体育健身工程、全民健身路径工程3个项目）、全民健身活动中心（包括大中型、小型2个项目）、户外健身场地设施（包括体育公园、全民健身广场、户外体育营地、社区运动场地、健身步道5个项目）以及其他场地设施4个类别。健身场地设施投资总额即为各类别投资额之和，健身场地设施类别投资额即为其所包含项目投资额之和。2018—2022年，我国健身场地设施投资总额呈现小幅下降的趋势，年平均下降率为8.92%。进一步计算得出，2022年全国省级健身场地设施投资额平均值比2018年下降了41 127.02万元，经t值（t=1.2307）检验不存在显著性差异。体育健身工程类和全民健身活动中心类的投资金额出现下降的态势，年平均下降率分别为27.89%和12.82%。户外健身场地设施类的投资金额显示出小幅上升的趋势，年平均上升率为2.53%。进一步分析发现，2022年全国省级体育健身工程类投资金额平均值比2018年下降了38 861.34万元，经t值（t=1.6097）检验不存在显著性差异；2022年全国省级全民健身活动中心类投资金额平均值比2018年下降了9 873.12万元，经t值（t=1.5551）检验不存在显著性差异；2022年全国省级户外健身场地设施类投资金额平均值比2018年增加了3 702.97万元，经t值（t=−0.2775）检验不存在显著性差异。各省健身场地设施总体与体育健身工程类、健身活动中心类、户外健身场地设施类投资数量均值经过t值检验均没有显著性差异，说明在总体和部分项目类别上投资金额的变化不会对健身场地设施投资本身产生影响，表明这种变化保持在一个合理的、正常的范围内，具有常态性。

出现上述变化主要有两个方面的原因：其一，我国健身场地设施建设的总体投入以及体育健身工程类、全民健身活动中心类的微弱下降情况与政府下大力气加强与完善体育场馆管理运营体制、机制改革有关系。近些年，国家不断加强健身场地设施的建设，各省份健身场馆设施的数量和覆盖面都有了显著提升，健身场地设施的不断增加为群众开展全民健身活动提供了坚实的硬件保障。但是，健身场馆设施面临着体制、机制不适应等问题，亟须采取措施予以解决。政府为了加强健身场馆设施运营管理改革创新、提高公共服务水平，相继开展了“所有权属于国有，经营权属于企业”两权分离改革和“改造功能、改革机制”的两改工作，并出台了健身场馆“免低开放”的运营管理措施。这些体制机制的改革举措在一定程度上间接导致健身场馆设施总体与部分类别投资金额的下降，但降幅不显著。其二，户外健身场地设施类投资表现出的小幅上升的趋势与人民群众日益增长的健身需求相关。《2014年全民健身活动状况调查公报》（以下简称《调查公报》）[①]显示：在体育锻炼场所方面，20岁及以上参加体育锻炼的人群中，有18.4%的人在体育公园、健身步道等场所进行体育锻炼，人数百分比最高，比2007年提高了3.6个百分点。其他依次为全民健身广场（15.1%）、社区运动场地（12%）等。可见，《调查公报》中对于体育锻炼场所需求的调查结果与户外健身场地设施类包括的项目一致。政府部门依据群众健身场所的现实状况，加大建设资金的投入力度来满足群众对锻炼场所的需求。该类别项目建设投入资金的逐步上升体现出户外健身场地设施的惠民绩效。关于这一点，在上述健身场地设施建设与便民利民服务网点建设之间所具有的显著性正相关关系中可以进一步得到验证。

从表1-10可以看出，2018—2022年国家对于健身场地设施投资的重心在于户外健身场地设施类和体育健身工程类，户外健身场地设施类5年间占比均值为39.16%。

---

① 佚名.2014年全民健身活动调查公报［EB/OL］.［2014-10-05］.http：//www.sport.gov.cn/n16/n1077/n1422/ 7300210.html.

表1-10 **2018—2022年我国健身场地设施不同类别的投资所占投资总额的比例（%）**

项目	2018年	2019年	2020年	2021年	2022年	占比均值
体育健身工程类	45.44	39.73	33.04	26.7	17.86	32.55
全民健身活动中心类	20.31	21.02	31.90	14.77	17.05	21.01
户外健身场地设施类	31.60	32.60	31.33	49.5	50.75	39.16
其他场地设施	2.65	6.60	3.73	9.03	10.26	6.45

数据来源：《体育事业统计年鉴》（2018—2022年）。

2018年我国城镇居民平均收入为9 732美元，从国际经验看，当时我国体育消费较大规模的有效需求已经出现，[①]群众有效体育消费的水平已经提升到一定规模，对健身运动场馆设施的需求不断攀升。但是，全民健身计划开展过程中面临着“去哪儿健身”的难题。采取倾向于户外健身运动公共场地设施的投资策略不仅是对问题导向和需求导向的诠释，更是体现“以人民为中心”的体育惠民思想的实践行动。表1-11中关于体育公园（占比均值为16.87%）、全民健身路径工程（占比均值为16.05%）以及全民健身广场（占比均值为10.9%）的投资比例可以很好地说明这一点。

表1-11 **2018—2022年户外场地类和体育健身工程类投资占全国健身场地设施投资总额的比例（%）**

		2018年	2019年	2020年	2021年	2022年	占比均值
户外类	体育公园	12.11	14.71	8.52	18.4	25.83	16.87
	全民健身广场	14.03	4.02	2.48	22.44	11.51	10.9
	户外体育营地	0.74	5.97	15.68	0.92	2.42	5.15
	社区运动场地	1.19	2.53	1.93	3.37	2.71	2.35
	健身步道	3.53	5.37	2.72	4.37	8.28	4.85
工程类	村级农民体育健身工程	11.23	17.53	9.16	8.53	7.47	10.78
	乡镇体育健身工程	3.57	9.81	7.76	3.95	3.55	5.73
	全民健身路径工程	30.65	12.4	16.12	14.22	6.84	16.05

数据来源：《体育事业统计年鉴》（2018—2022年）。

① 江小涓. 中国体育产业：发展趋势及支柱地位［J］. 管理世界，2018（5）：1-9.

3）我国健身场地设施投资结构分析

从表1-12中可以看出，2018—2022年我国健身场地设施投资的主体是财政拨款，其占比为50.39%，余下的投资是彩票公益金和社会资金。2018—2022年，彩票公益金的投资占到全部投资总额的31.27%，仅次于财政拨款；社会资金的投资占到全部投资总额的18.34%。这反映出社会投资在我国健身场地设施投资中发挥着一定的作用。2022年，社会资金的投资额度首次超过彩票公益金。PPP模式在健身场地设施投资结构中发挥重要作用。PPP模式是政府和社会资本合作的模式，是一种政府与社会资本为提供公共产品或服务而建立的"建设运营全过程"合作关系。截至2022年，消费领域体育基本公共服务类项目进入全国PPP综合信息平台项目管理库的已达116个，占全国PPP综合信息平台项目管理库行业累计项目的1.2%；投资额1 027亿元，占全国PPP综合信息平台项目管理库的行业累计项目投资额的0.7%。①

表1-12 **2018—2022年我国健身场地设施投资状况** 金额单位：万元

项目	2018年	2019年	2020年	2021年	2022年	五年总和（占比）
财政资金	1 868 878.53	1 224 894.98	1 055 833.37	1 338 657.38	1 341 721.93	6 829 986.19（50.39%）
彩票公益金	1 028 862.76	729 441.91	1 561 440.19	523 717.29	394 031.18	4 237 493.33（31.27%）
社会资金	556 926.20	417 775.71	669 416.82	199 640.40	641 733.73	2 485 492.86（18.34%）
总计	3 454 667.49	2 372 112.60	3 286 690.38	2 062 015.07	2 377 486.84	13 552 972.38

数据来源：《体育事业统计年鉴》（2018—2022年）。

对《体育事业统计年鉴》（2018—2022年）中的体育健身工程、全民健身活动中心、户外健身场地设施3类10个项目的投资情况进行统计，结果见表1-13。从表1-13可以看出，村级农民体育健身工程

① 佚名.全国PPP综合信息平台项目管理库（2020年2月报）[EB/OL].[2020-02-15].https://www.cpppc.org/jb/1561.jhtml.

和全民健身路径工程2个项目彩票公益金的投资额度居于首位。其余8个项目的投资来源均以财政资金投入为主。首先，财政资金是大多数健身场地设施分类项目资金来源的主要渠道，占有明显的主导地位；其次，彩票公益金对于群众使用频率较高的村级农民体育健身工程和全民健身路径工程的大幅度投资，不仅表现出彩票公益金对于健身场地设施投资的强有力支持，而且体现出彩票公益金“取之于民，用之于民”的属性；最后，社会资金投入的表现充分说明了政府和社会资本合作的PPP模式被广泛应用于多个健身场地设施分类项目。

表1-13 **2018—2022年我国健身场地设施分类项目投资状况** 单位：万元

类 别	项 目	财政资金	彩票公益金	社会资金
体育健身工程类	村级农民体育健身工程	112 315.3	137 358.7	41 991.07
	乡镇体育健身工程	83 443.6	55 410.36	16 515.95
	全民健身路径工程	113 478.5	235 990.9	118 282.7
全民健身活动中心类	大、中型	282 226.6	159 286	65 434.52
	小型	45 910.06	31 355	7 581.146
户外健身场地设施类	体育公园	301 894.4	26 827.31	79 393.47
	全民健身广场	214 318.1	14 097.29	51 158.59
	户外体育营地	31 315.71	9 989	20 613.78
	社区运动场地	26 365.3	22 934.61	10 467.51
	健身步道	94 497.35	12 863.83	17 751.55

数据来源：《体育事业统计年鉴》(2018—2022年)。

4）我国健身场地设施投资分布分析

党的十九大报告中提出了建立更加有效的“西部开发、东北振兴、中部崛起、东部领先”的区域协调发展新机制。[①]东北地区包括黑、吉、辽；东部地区包括京、津、冀、沪、苏、浙、闽、鲁、粤、琼；中部地区包括晋、皖、赣、豫、鄂、湘；西部地区包括内蒙古、桂、渝、川、

① 佚名.决胜全面建成小康社会 夺取新时代中国特色社会主义伟大胜利［EB/OL］.［2017-10-18］.http：//www.12371.cn/special/19da/bg/.

贵、云、藏、陕、甘、青、宁、新。[①]基于此，本章将中部、东部、西部及东北四大区域作为分析我国健身场地设施投资分布的主要参照。

通过表1-14对相关数据的统计与推算可以看出，全国31个省份健身场地设施年度投资均值在四大区域中的降序排列为：东部、中部、西部、东北。这说明2018—2022年间健身场地设施投资力度最大区域是东部，其次是中部，投资东北的额度最小。可见，健身场地设施投资主要分布在东部区域。

表1-14 **2018—2022年全国健身场地设施四大区域投资分布状况** 单位：万元

区域	场地设施类别	年度投资					省份年度均值（万元/年/省）
		2018年	2019年	2020年	2021年	2022年	
东部	工程类	608 269.30	251 942.10	536 245.83	287 546.70	150 411.50	366 883.10
	中心类	181 149.22	191 813.77	712 214.73	135 314.56	138 456.39	271 789.70
	户外类	493 144.85	507 854.81	768 919.77	692 386.22	350 588.68	562 578.90
	其他类	41 692.38	71 096.42	41 038.18	134 279.70	140 023.00	85 625.90
	合计	1 324 255.57	1 022 707.10	2 058 418.51	1 249 527.00	779 479.57	1 286 877.60
东北	工程类	58 654.84	85 280.06	219 979.89	16 729.17	22 491.46	80 627.08
	中心类	69 274.76	38 284.56	29 657.50	15 589.00	12 149.61	32 991.09
	户外类	46 747.19	41 436.95	46 441.24	17 941.45	41 164.68	38 746.30
	其他类	6 495.98	9 379.80	13 869.47	12 601.07	10 079.10	10 485.08
	合计	181 172.80	174 381.40	309 948.10	62 860.69	85 884.85	162 849.55
西部	工程类	199 026.70	499 829.00	200 791.51	158 675.70	165 493.30	244 763.24
	中心类	230 601.26	144 242.59	266 589.77	121 240.11	199 463.82	192 427.51
	户外类	221 613.28	119 703.10	101 212.80	208 999.09	607 101.49	251 725.95
	其他类	33 525.38	61 427.54	35 836.79	28 082.27	67 260.17	45 226.43
	合计	684 766.62	825 202.23	604 430.87	516 997.17	1 039 318.78	734 143.13

① 百度百科．中国四大经济区域［EB/OL］．［2012-02-12］.https：//baike.baidu.com/item/% E4%B8%AD% E5%9B% BD% E5%9B% 9B% E5%A4%A7%E7%BB% 8F% E6%B5%8E%E5%8C%BA%E5%9F%9F/10619775？fr=aladdin.

续表

区域	场地设施类别	年度投资					省份年度均值（万元/年/省）
		2018年	2019年	2020年	2021年	2022年	
中部	工程类	532 949.20	105 465.30	128 774.09	87 648.65	86 492.30	188 265.91
	中心类	220 504.90	124 169.77	39 836.91	32 466.87	55 236.81	94 443.05
	户外类	330 164.40	104 352.03	113 173.04	101 288.90	207 607.56	171 317.19
	其他类	9 786.23	104 352.00	32 008.92	11 225.83	26 546.97	36 783.99
	合计	1 093 404.73	438 339.10	313 792.96	232 630.25	375 883.64	490 810.14

数据来源：《体育事业统计年鉴》（2018—2022年）。

从表1-14可以看出，健身场地设施整体投资倾向于东部和中部。针对区域发展中的“马太效应”现象，龚刚等在其关于区域发展战略问题的研究中指出，如果没有政府的干预，完全由市场来分配资源，必然会产生“马太效应”。[①]事实上，在健身场地设施投资结构中，不仅有政府主导形式的投资，而且还存在民间投资。政府和民间分别掌控着不同的经济资源，按照其赋予经济资源不同的需求，最终实现各自的投资目标。政府投资具有长期性，民间投资则是一次性的。政府投资关注的是长期效益的最大化，民间投资注重的是单期效益的最大化。因此，在以政府投资为主导并含有民间投资的多元投资模式下，应以整个经济的长期效益最大化为目标。[②]2018—2022年健身场地设施投资分布倾向于东部和中部经济发达区域的研究结果不具有“马太效应”。政府投资的后续资源特征，使得这5年的区域健身场地设施投资其实是作为整个国家健身场地设施投资发展战略的一部分，最终目标是健身场地设施投资长期效益的最大化。

5）我国健身场地设施建设规模分析

健身场地设施建设面积能够直接反映出建设的总量和总体规模。2018—2022年我国健身场地设施建设面积呈现小幅下降的趋势，年均下降率为6.49%。2022年，省级健身场地设施建设面积均值比2018

① 龚刚，聂晶．区域投资的优化选择与马太效应［J］．开发研究，2003（5）：3-6.
② 龚刚，聂晶．区域投资的优化选择与马太效应［J］．开发研究，2003（5）：3-6.

年下降 762 06 平方米，经 t 值（t=1.3000）检验不存在显著性差异。2018—2022 年，在各类建设场地设施中，除其他场地设施建设面积略有增加之外，体育健身工程类、户外健身场地设施类以及全民健身活动中心类建设面积均有下降，年均下降率分别为 19.66%、38%、30%。2021 年，省级体育健身工程类均值比 2019 年下降 786 153 平方米，经 t 值（t=2.8111）检验存在显著性差异（$P<0.01$）。2021 年，省级户外健身场地设施类均值比 2019 年下降 140 0625.46 平方米，经 t 值（t=2.0740）检验存在显著性差异（$P<0.05$）。2021 年，省级全民健身活动中心类均值比 2019 年下降 63 660.79 平方米，经 t 值（t=2.3038）检验存在显著性差异（$P<0.05$）。

对 2019—2021 年体育健身工程类、户外健身场地设施类以及全民健身活动中心类建设面积的变化情况进行统计分析可以发现，在统计的 9 个项目中（由于统计标准不一致，“健身步道”尚不包括在内），3 年间村级农民体育健身工程、乡镇体育健身工程、全民健身路径工程、体育公园、户外体育营地以及大中型全民健身活动中心的建设面积均有所下降，体育公园最为显著，其次是户外体育营地、乡镇体育健身工程、大中型全民健身活动中心。统计分析结果为健身场地设施建设总面积小幅下降提供了翔实的证据。

6）我国健身场地设施建设布局分析

区域发展战略规划是健身场地设施建设的重要影响因素，科学的战略规划是判断健身场地设施建设重点发展区域的主要指标。①《若干意见》是我国健身场地设施建设的重要发展战略规划，各省份在《若干意见》出台后又制定了符合各自情况的《关于加快发展体育产业促进体育消费的实施意见》（以下简称《实施意见》）。29 个省份在《实施意见》中提出了健身场地设施建设的发展目标与计划，其中，辽、内蒙古、沪、皖、冀、豫、鲁、湘、粤、渝、川、青、藏、新 14 个省份将健身场地设施建设作为重点发展任务并制定了详细规划。2022 年，全国健身场地设施总量为 122 325 个，上述 14 个省份的重点发展区域的健身场

① 张瑞林. 我国冰雪体育产业商业模式建构与产业结构优化［J］. 体育科学，2016（5）：18-23；53.

地设施数量为64 413个，占全国总数的52.66%。

在上述健身场地设施建设重点发展区域的基础上，运用聚类定量分析方法（张瑞林，2016）对我国健身场地设施资源布局展开分析。首先，选取14个省份健身场地设施建设发展的相关指标进行分析。为了保证指标的科学性与代表性，从自然资源、区位资源以及人文资源的视角，充分考虑与健身场地设施建设发展的相关性，选取地区人均生产总值（代表场地设施建设发展的经济基础）、第三产业地区生产总值（代表场地设施建设发展的配套性行业的经济基础）、客运量（代表区域吸引健身消费的能力）、年底人口数（代表区域健身消费人群基础）、年底农村人口数（代表健身消费潜在目标人群基础）、城镇居民消费水平（代表居民健身消费能力）、健身场地设施数量（代表健身的物质保障基础）7个指标来考量健身场地设施资源建设状况。其次，通过国泰安CSMAR系列数据库来获取相关指标数据。将14个省份的指标规模由大到小进行排序，并按照7、6、5、4、3、2、1、−1、−2、−3、−4、−5、−6、−7的顺序对14个省份进行赋值（见表1−15）。最后，以健身场地设施建设潜力和建设基础为横坐标和纵坐标建立健身场地设施资源分布坐标系（如图1−2所示）。将上述7个指标分别划归为建设潜力和建设基础两个类别，其中，年底人口数、年底农村人口数、城镇居民消费水平划归为建设潜力类别，地区人均生产总值、第三产业地区生产总值、客运量、健身场地设施数量划归为建设基础类别。将健身场地设施资源分布坐标系划分为4个区域：Ⅰ区域为基础强、潜力强的最强发展区域，Ⅱ区域为基础强、潜力弱的基础优势区域，Ⅲ区域为基础弱、潜力弱的最弱发展区域，Ⅳ区域为基础弱、潜力强的潜力优势区域。各省份建设基础类别的4个相关指标得分之和就是该省份的坐标系的纵坐标数值，横坐标数值则是建设潜力类别的3个相关指标的得分之和。经过计算得出广东、山东、河南、湖南、四川、辽宁、河北位于最强区域，上海位于基础优势区域，安徽、重庆、内蒙古、新疆、青海、西藏位于最弱区域。

表1-15 **我国健身场地设施建设重点发展区域经济基础水平聚类分析表**

	地区人均生产总值（元）		第三产业地区生产总值（亿元）		客运量（万人）		年底人口数（万人）		农村人口数（万人）		城镇居民消费水平（元）		健身场地设施数量（个）	
	得分	数值	得分	数值	得分	数值	得分	数值	得分	数值	得分	数值	得分	数值
上海	7	126 634	5	21 191.54	−4	15 484.91	−5	2 418	−5	297.414	7	57 507	−7	462
辽宁	2	53 526	−1	12 307.16	3	72 482.6	−1	4 369	−1	1 420.362	4	30 342	−1	3 075
内蒙古	4	63 764	−4	8 046.76	−5	14 866.98	−3	2 529	−4	960.514 2	2	29 971	−2	2 932
安徽	−6	43 401	−2	11 597.45	2	69 105.22	1	6 255	1	2 909.201	−3	23 888	1	3 534
河北	−2	45 387	1	15 040.13	−2	50 022.55	3	7 519.52	4	3 383.032	−6	20 753	3	7 027
河南	−1	46 674	4	19 308.02	5	114 350.8	5	9 559.13	7	4 764.27	−1	25 593	5	8 113
山东	5	72 807	6	34 858.6	1	65 299.35	6	10 005.83	5	3 944.298	5	34 955	7	13 042
湖南	1	49 558	2	16 759.07	6	114 936.5	2	6 860.15	2	3 113.136	1	26 244	4	7 351
广东	6	80 932	7	48 085.73	7	137 418.4	7	11 169	3	3 367.454	6	37 257	6	9 078
重庆	3	63 442	−3	9 564.03	−1	60 521.86	−2	3 075.16	−3	1 104.598	3	30 101	−4	2 151
四川	−3	44 651	3	18 389.74	4	109 093	4	8 302	6	4 085.414	−5	22 983	2	4 566
青海	−5	44 047	−6	1 224.01	−6	6 273.848	−6	598	−6	280.641 4	−4	23 621	−3	2 434
新疆	−4	44 941	−5	4 999.23	−3	27 083.42	−4	2 445	−2	1 237.659	−2	24 230	−5	1 486
西藏	−7	39 267	−7	674.55	−7	1 319.220	−7	337	−7	232.901	−7	20 643	−6	540

数据来源：（1）2022年国泰安CSMAR系列数据库；（2）《体育事业统计年鉴》（2022年）。

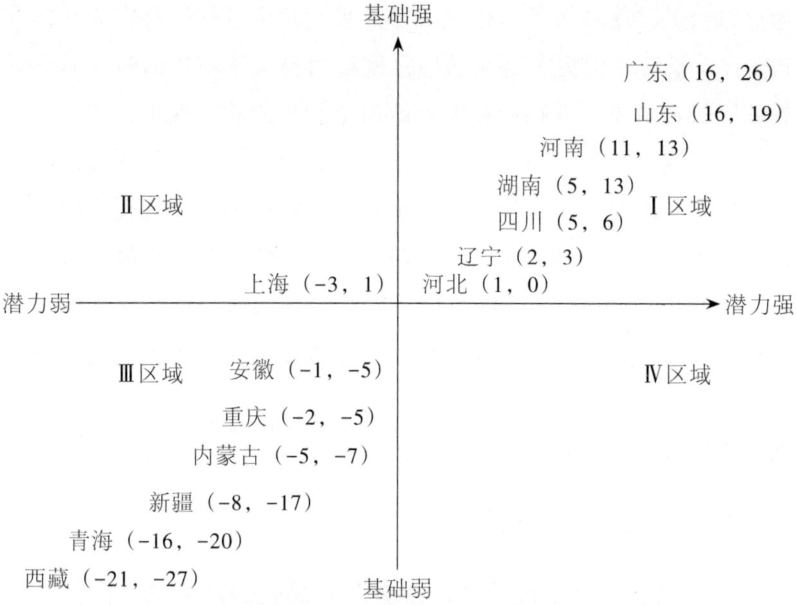

图1-2 2022年我国健身场地设施重点发展区域聚类分析图

7）小结

健身场地设施投资总额呈现出小幅下降的趋势，以体育公园为主要投资项目的户外健身场地设施类投资却有上升，这种波动变化今后极有可能成为常态。健身场地设施投资结构以财政资金为主体，彩票公益金倾向投资于村级农民体育健身工程和全民健身路径工程。健身场地设施投资呈现出东部和中部强、西部和东北地区弱的分布格局，且与非均衡区域发展模式和“马太效应”无关。健身场地设施建设规模表现出小幅度下降的变化趋势，其下降的原因是2019—2021年户外健身场地设施类建设面积下降。我国健身场地设施建设发展重点区域可以划分为最强、优势、最弱3个区位类型，广东、山东、河南、湖南、四川、辽宁、河北位于最强区域，上海位于基础优势区域，安徽、重庆、内蒙古、新疆、青海、西藏位于最弱区域。

为了完善我国健身场地设施投资与建设的内在机制，应做到以下方面：第一，加快构建健身场地设施投资与建设的经济与社会要素生态系统；第二，坚持走深化改革体制机制的道路，提高市场要素配置水平，完善惠民绩效评估，提高公共服务水平；第三，全面引入政府与社会资本为提供公共产品或服务而建立的“建设运营全过程”合作关系，推动PPP模式广泛应用于更多健身场地设施项目投资领域；第四，健身场地设施的区域投资发展战略应在完善政府干预机制的前提下，加大民间投资力度，坚定走均衡区域发展模式的道路；第五，把公共体育设施的建设，特别是体育公园的建设充分体现在各级政府的发展规划当中，实现体育场地设施惠及百姓的实效性；第六，位于健身场地设施建设发展的最强、优势、最弱3个重点区域的不同省份，政府与市场在其中扮演的角色有所不同。最强省份健身场地设施建设要更加突出市场配置资源的作用，最弱省份健身场地设施建设要更加强调政府的主导管控，优势区域则要加强政府和市场的共同参与。

1.4.3 全运会演进研究

全国运动会（以下简称“全运会”）是我国水平最高、规模最大的综合性运动会。多年来，有关全运会改革与可持续发展的问题一直是社会各界关注的热点。如何在全面梳理全运会发展历程的基础上，以科学发展观为指导，以创新的思路与方法，从理论上提炼发展规律、从实践上构建最优模式，建立与政治、经济、社会、文化相互协调的运行机制，是新时期推动全运会健康、持续、良性发展，促进竞技体育发展和竞技人才培养，带动全民健身运动发展，推进体育产业化和社会化，提升举办城市形象，推动体育文化和精神文明建设的重大课题。为了从宏观层面分析全运会的研究动态和发展趋势，本书对全运会进行全面分析和高度凝练，通过认知研究现状与发展趋势，加强理论与实践之间的契合关联性，为深化全运会改革提供具有现实意义的理论基础。

1）全运会演进概况

中华人民共和国成立后非常重视普及性体育运动的开展，“发展体育运动，增强人民体质”的国家体育主张成为体育发展的方向。随着国家体育发展指导思想的确立，以全运会为代表的国家级体育竞赛活动得到广泛开展（见表1-16）。

表1-16　　中华人民共和国成立后历届全运会概况

届数	时间	地点	代表团数量	运动员数量	比赛项目	显著特征
第一届	1959.9.13—10.3	北京	29	10 658	36	规模宏大的群众体育运动盛会
第二届	1965.9.11—28	北京	29	5 922	22	竞技水平突飞猛进
第三届	1975.9.12—28	北京	31	12 497	28+少年8项	体育事业遭到“文化大革命”重创
第四届	1979.9.15—30	北京	31	15 189	34+少年2项	恢复国际奥委会等组织的合法席位
第五届	1983.9.18—10.1	上海	31	8 943	25	首次参加奥运会前的大练兵
第六届	1987.11.20—12.5	广州	37	7 500	44	奥运战略的实施
第七届	1993.9.4—15	北京（四川协办）	45	8 000	43	后延全运会的举办时间，取消非奥运项目
第八届	1997.10.12—24	上海	46	7 647	28	场馆建设管理首次实现产业化、市场化
第九届	2001.11.11—25	广州	45	12 314	30	北京申奥成功后举办的第一个体育盛会
第十届	2005.10.12—23	南京	46	9 986	32	北京奥运会之前的演练；体育的盛会，人民的节日
第十一届	2009.10.16—10.28	山东	46	10 900	33	和谐中国、全民全运
第十二届	2013.8.13—9.12	辽宁	39	9 000	31	全民健身，共享全运
第十三届	2017.8.27—9.8	天津	38	8 300	50（新增19个群众项目）	全运惠民，健康中国

资料来源：开云．中国全运会述评（1910—2001）[D]．南京：南京师范大学，2005.

第一届全运会是一届比赛项目多、参赛人数多、参赛代表团来源广、规模空前的首届群众体育运动盛会。参赛的运动员是从全国的工人、农民、学生、干部和军人中选拔出来的，参赛运动员是全国各行各业的运动员代表。第一届全运会具有显著的群众性特征。第二届全运会的举办使我国体育竞技水平迈上新台阶。在参赛运动员中既有来自基层的业余运动员，也有参加过第一届全运会的专业运动员。业余运动员成绩的提高与第一届全运会的举办息息相关。第一届全运会后，我国群众体育得到长足发展，体育活动在各个领域得到普及，涌现出大量具有一定竞技能力水平的业余运动员。第三届全运会由于历史原因出现竞技水平下降的趋势。

1979年，经国际奥委会全体委员表决，中国奥委会恢复了在国际奥委会中的合法地位。中国在国际体育舞台上合法席位的恢复使得我国体育事业发生了变化。随后，国家体委提出了“在兼顾普及与提高的基础上，重点抓提高”的发展战略。这一战略旨在转变我国竞技体育水平落后的局面。

第四届全运会比赛成绩全面提高，在发展薄弱的田径和游泳项目上涌现出具有国际水平的运动员。第四届全运会确定了我国体育事业“冲出亚洲，走向世界”的奋斗目标。在国家对竞技体育的重视下，我国在第九届亚运会上首次在金牌榜上位居第一。

第五届全运会是参加1984年洛杉矶奥运会之前综合竞技能力的检阅与练兵。在第五届全运会上，国际奥委会的五环会旗首次在上海江湾体育场升起，时任国际奥委会主席萨马兰奇先生和国际足联主席阿维兰热先生应邀出席。这不仅加深了国际体育组织对中国体育赛会的了解，而且展示了我国举办大型赛事的能力。第五届全运会涌现出许多世界水平的优秀运动员，如李宁等。第五届全运会在竞技方面获得的累累硕果与我国的竞技体育的“举国体制”有密切关系。

1984年，我国参加了第23届美国洛杉矶奥运会，金牌榜位居第四位，首次排在国际竞技体坛第二集团的首位。1986年的亚运会上，我国依然保持了金牌榜第一的亚洲领先地位。

在我国竞技体育快速发展的态势下，迎来了在广州举办的第六届全运会。在第六届全运会上，为了加快竞技体育的发展，首次采用统计、公布团体总分的做法，并且对奥运项目和非奥运项目采用不同的记分方法，加大对奥运项目的记分分值。

1988年汉城奥运会我国的表现不尽如人意。1992年巴塞罗那奥运会我国金牌榜列第四位，重新回到金牌榜第二集团首位的位置。

1993年北京举行了第七届全运会。这种全运会安排在奥运会之后举行的做法是我国全运会举办过程中一个重大的变革，这种变革有效地协调了“奥运战略”与“全运战略”之间的关系，形成了“大奥运”与“小全运”的主次关系。第七届全运会取消了非奥运会项目的设置。

第八届全运会在比赛项目的数量上发生了变化，由上届的43个项目缩减到28个，其中的25个项目是按照夏季奥运会来设置的。同时，第八届全运会在我国经济体制转变为市场经济的大背景下，首次引入运动员人才流动机制，使得我国竞技体育的管理方式发生了变化。此外，第八届全运会最显著的特点是比赛体育场馆的建设与管理初步采用体育产业化与市场化的模式，全运会使用的体育场馆是在没有国家财政拨款的情况下由全运会组委会利用社会投资修建而成。

2001年，国际奥委会投票选出北京为2008年夏季奥运会主办城市。在申奥成功的大背景下，广州举办了第九届全运会。第九届全运会是历届全运会举办规模最大的。第九届全运会一方面通过冠名、冠杯、广告、电视转播权以及举办交易会的形式，彰显了市场化运作的模式特征；另一方面引入光纤传输网络服务于赛会组织、比赛、管理、新闻制作以及指挥调度等各个方面的工作。

第十届全运会于2005年在江苏省南京市举办。这届全运会是首次采取申办制的方式来确定承办单位的。第十届全运会是北京奥运会之前的大练兵。第十届全运会采用最新的国际规则，完全做到与国际接轨。第十届全运会富有创新性地提出“体育的盛会，人民的节日”的主题思想。第十届全运会的宣传口号诠释了“体育属于人民”内涵。[①]在第十届全运会前举行了覆盖全国31个省份以及香港、澳门特别行政区的火炬传递活动；举行了以全民健身成果为主要内容的全国全民健身博览

① 王志光．关于全国运动会理性回归的思考［J］．南京体育学院学报，2007（1）：9-12.

会；在开幕式编排中首次增设了全民健身活动展示的内容这些具有开创性的活动标志着我国全运会开启了“体育回归人民”的赛会模式。

第十一届全运会于2009年在山东省举办。“和谐中国，全民全运”是本届全运会的核心理念。①第十一届全运会新建44个场馆、改造扩建85个场馆。第十一届全运会传递了“人民共建全运、共享全运成果”的办会理念，将“全民全运”的外延与“共享改革发展成果”的思想相融合。给群众带来实惠成为第十一届全运会举办的出发点，惠及民生的“造福工程”成为第十一届全运会举办的终极目标。②“三线一点”全民体育健身工程和“农民体育健身工程”的实施就是山东全省共享全运盛事的具体例证。

第十二届全运会于2013年在辽宁省举办。第十二届全运会在体育场馆建设方面突出“满足比赛需求，注重赛后利用”的指导思想，一方面，充分利用原有的体育场馆，改建扩建不符合要求的体育场馆，控制永久性体育场馆的建设数量。另一方面，按照体育场馆的规划设计与建设布局相结合的原则，将竞技体育与全民健身、公共体育文化建设相融合。第十二届全运会新建的25个比赛场中，9个建在大学，占比为36%，③开创了大型体育场馆赛后利用的新模式，充分证明了辽宁努力将竞技体育与全民健身、公共文化体育事业发展有机结合的办赛理念。

第十三届全运会于2017年在天津市举办。第十三届全运会新增19个大项126个小项的群众比赛，真正实践了“全民运动会”的内涵，充分体现出“全运惠民，健康中国”的办会主题。从“和谐中国，全民全运”到“全民健身，共享全运”，再到“全运惠民，健康中国”，这些全运会主题深刻揭示了我国体育价值观的变化。④第十三届全运会纳入群众性体育，发挥了全运会这项全国最高等级赛事组织群众广泛参与的凝聚作用，将体育的福利惠及大众。

2）全运会研究热点及演变

（1）文献关键词共现分析

关键词是文献内容的凝练与概括，代表研究者的学术关注，是该领域

① 赵秋丽. 全民全运，共办共享［N］. 光明日报，2009-10-28.
② 赵秋丽. 全民全运，共办共享［N］. 光明日报，2009-10-28..
③ 刘洪超. 辽宁建设全运场馆俭字当头［N］. 人民日报，2013-08-26.
④ 方明. 全民全运，翻开健康中国新篇章［N］. 解放军报，2017-09-13.

研究的主要标签，反映该领域的研究热点与发展方向。在CiteSpace V软件中，time slicing选择“1959—2017”、years per slice选择“10”，node types选择“Keyword”，selection criteria中的TopN选择“50”，thresholds的Thresholding（C、CC、CCV）数值分别选择“2、2、0.1”，pruning选择“Minmum Spanning Tree”和“Pruning Sliced Networks”。经过12.979秒的运行，得出由531个关键词节点（Node）和590条关键词连线（Links）形成的关键词（Keyword）“共现”科学知识图谱。CiteSpace V导出的关键词中存在表达意义相同或相近的现象，还存在含义宽泛的一般性词语作为关键词的问题，为了提高分析准确性与真实性以及代表性，将这些关键词进行合并处理与剔除，最终得到由437个关键词节点（Node）和523条关键词连线（Links）形成的关键词（Keyword）“共现”科学知识图谱（如图1-3所示）。表1-17为处理与剔除后出现频次大于16的关键词。图谱中的节点表示关键词，节点的大小代表关键词出现的频次，节点大小与关键词出现频次成正比，节点的颜色代表关键词第一次共现的时间，节点之间的连线代表关键词共现关系，节点之间的连线越粗，表明关键词共现的强度越高。关键词出现频次高，表明其对所表达研究主题的热度高。CiteSpace V是在统计关键词之间共现频次的基础上，以可视化的形式将频次高低和聚类关系展现出来，从而分析全运会的研究热点。

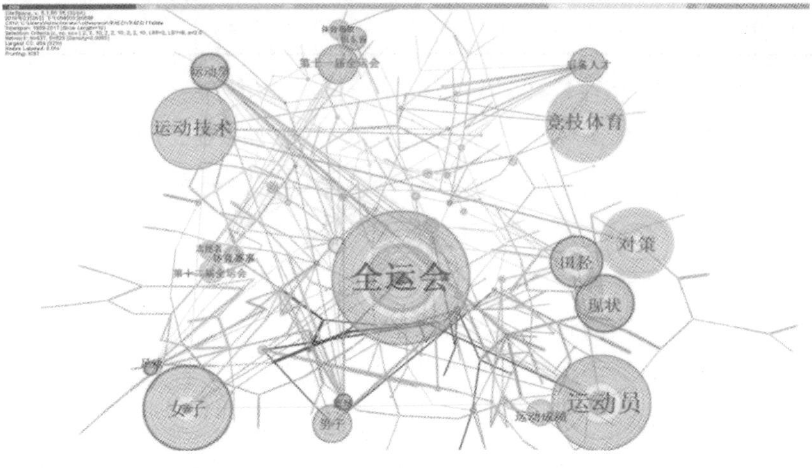

图1-3 全运会关键词共现图谱

表1-17　1959—2017年全运会研究文献的高频关键词频次排序情况

排序	高频关键词	频次	排序	高频关键词	频次	排序	高频关键词	频次
1	运动技术	258	17	体育场馆	43	33	游泳	21
2	运动员	191	18	体育赛事	41	34	第九届全运会	21
3	女子	170	19	世界纪录	41	35	前八名	20
4	现状	150	20	篮球	37	36	辽宁省	20
5	竞技体育	149	21	足球	34	37	优势项目	20
6	对策	135	22	第十届全运会	31	38	武术套路	20
7	田径	110	23	可持续发展	31	39	训练方法	19
8	运动成绩	107	24	技战术	28	40	体育管理	19
9	男子	85	25	全国纪录	26	41	防守能力	19
10	第十一届全运会	69	26	竞技实力	24	42	散打	18
11	运动学	69	27	跆拳道	24	43	跳远	17
12	后备人才	66	28	奥运会	23	44	战术意识	17
13	第五届全运会	55	29	赛前训练	22	45	艺术体操	17
14	山东省	50	30	排球	22	46	网球	17
15	第十二届全运会	48	31	河南省	22	47	举重	17
16	影响	46	32	三级跳远	22	48	青少年	16

从图1-3和表1-17可以看出，我国全运会研究的热点主要集中在运动技术与运动学研究、运动员与运动成绩研究、田径与现状及对策研究、女子与足球研究、竞技体育与后备人才研究、男子与篮球研究、第十一届全运会与山东省及体育场馆研究、第十二届全运会与体育赛事及志愿者研究8个领域。

（2）研究热点的时区

为了进一步揭示研究热点的年度变化情况，在上述文献关键词“共现”分析的基础上，在软件Control Panel的“layout”中选择“timezone view”，进而得到研究热点变化的时区可视化图谱（如图1-4所示），其能够准确地观测到我国全运会研究的发展历程。通过对中国知网文献互引网络中的引证文献进行分析，选取被引频次排名前十位的文献（见表1-18），这些文献基本上代表了全运会的研究前沿，需要强调的是，这些文献的研究内容与上述全运会研究热点的8个方面基本一致。

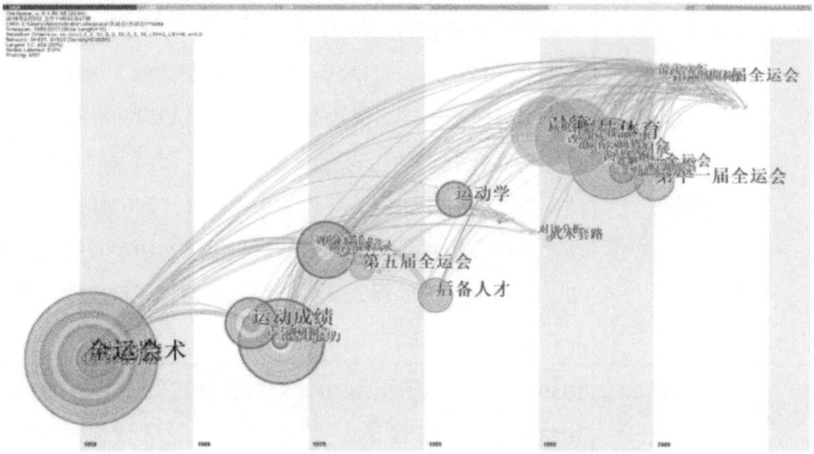

图1-4　我国全运会研究热点时区可视化图谱

表1-18　**全运会研究文献中被引频次排名前十位的文献情况**

序号	被引频次	第一作者	文献名称	期刊源
1	9 109	田麦久	运动训练学	人民体育出版社
2	1 724	文超	田径运动高级教程	人民体育出版社
3	593	胡兆量	中国区域发展导论	北京大学出版社
4	586	孙汉超	体育管理学	人民体育出版社
5	356	何艳玲	“公共价值管理”：一个新的公共行政学范式	政治学研究
6	283	赵桂银	体育人才学	人民体育出版社
7	170	李杰凯	我国优秀运动员文化教育现实问题及改革的建议	沈阳体育学院学报
8	171	刘建国	田径	高等教育出版社
9	170	林显鹏	现代奥运会体育场馆建设及赛后利用的研究	北京体育大学学报
10	157	杨再淮	我国竞技体育后备人才市场与宏观调控机制	上海体育学院学报

（3）研究主题的演变

为了更好地梳理全运会研究热点的演变状况，全面把握全运会研究动态，对我国全运会研究的高频关键词被引用的详细信息进行分年度分类整理（见表1-19），并以整理后被引用文献有关关键词为依据对研究主题的8个研究领域的发展历程进行剖析。

表1-19 全运会研究文献的高频关键词及其年度分布情况

序号	研究领域	高频关键词
1	关于“运动技术”“运动学”的研究	1959年：跳远、举重、篮球、排球。1960年：铁饼。1976年：技术调研报告、技术统计、冰球、棒垒球。1977年：中长跑。1978年：自由泳。1979年：羽毛球、水球。1980年：突破防线进攻、快攻强攻与防守。1984年：运动心理学。1988年：运动生物力学。1994年：王军霞。1995年：曲云霞。2006年：旋子转体720°接竖叉。2007年：三维运动学分析。2008年：刘翔、最后用力。2010年：技战术运用。2014年：制胜因素、体能与技术测试评价模型。2015年：技术专项力量平台
2	关于“运动员”“运动成绩”的研究	1959年：冬季训练。1960年：身体全面训练、运动技术。1973年：运动性尿蛋白。1975年：大运动量训练。1977年：医学检查。1979年：运动损伤。1983年：机能评定、世界纪录。1984年：运动成绩、战术运用。1985年：机能状态。1988年：提高运动成绩服务、体能、运动心理学。1989年：退役、实施奖励。1999年：实施奖励。2002年：举国体制。2006年：膳食结构。2007年：交流、运动寿命。2009年：总体幸福感。2010年：核心竞技能力、选材。2014年：人才梯次特征。2015年：高原训练、媒体形象。2017年：转项成才
3	关于“田径”“现状对策”的研究	1980年：比赛调研。1984年：训练分期。2001年：项群。2003年：项目地域分布、2004年：实力预测、比较研究、现状。2005年：运动员纬度分布、后备人才、可持续发展。2006年：发展对策。2007年：成绩分析。2009年：竞赛体制。2010年：优势项目、赛制改革、比赛能力、人才成长地理学。2011年：竞技水平区域差异、教练员培养、身体形态、“教体结合”。2012年：竞赛状态焦虑。2015年：区域非均衡、参赛风险评估与预测

续表

序号	研究领域	高频关键词
4	关于“女子”“足球”的研究	1976年：技术统计。1977年：医学检查。1989年：退役运动员、运动学分析。1990年：马拉松。1992年：运动能力。1994年：足球。1996年：100米栏。1998年：铅球。2002年：足球比赛能力。2003年：生物力学、足球进攻。2004年：足球裁判员。2006年：足球可持续发展。2007年：足球比赛特征。2009年：田径地域分布。2010年：足球体能评价、足球现状、训练理论、男性化训练模式、足球后备力量。2011年：成绩区域特征。2012年：体能特征。2014年：后备人才、制胜因素。2015年：周期负荷
5	关于“竞技体育”“后备人才”的研究	2000年：体育改革、体育竞赛。2002年：举国体制。2003年：优势项目。2006年：竞技体育实力、后备人才、市场经济、全运战略。2007年：全运会演变史、群众体育理性回归、投入与产出效应、奥运战略。2008年：体育管理、人才动态变化、后奥运发展走向、区域性差异。2009年：全运会东道主周期律、竞赛组织、运动员交流、可持续发展、犯罪行为。2010年：竞技格局。2011年：区域划分、赛事利益。2012年：均衡发展、项目地理学特征。2013年：项目布局、发展环境、体育场馆布局、区域发展。2014年：发展方式。2016年：发展战略
6	关于“男子”“篮球”的研究	1959年：运动技术。1960年：运动训练。1983年：运动成绩。1997年：足球进攻。1999年：比赛战术。2001年：运动学分析。2007年：篮球、机能指标评定。2009年：制胜因素。2010年：田径项目地域分布。2011年：技战术运用。2012年：体能、核心竞技能力。2014年：选赛。2015年：篮球后备人才
7	关于“第十一届全运会”“山东省”“体育场馆”的研究	2008年：山东旅游业发展、齐鲁文化共融、经济社会运行模式、山东体育产业发展、济南经济发展。2009年：城市现代化进程，全运会市场开发、移动通信与调度平台、山东竞技体育可持续发展、和谐竞赛环境。2010年：全运村的运行管理、全运会经济效应、东道主制胜的项目格局、观众观赛行为、与全民健身同行。2011年：运动技术、技战术运用、获胜心理因素、运动学分析、体育场馆经营、奖牌竞争格局、办赛理念演变、全民健身可持续发展。2013年：与奥运战略衔接。2014年：经济水平与竞技实力

续表

序号	研究领域	高频关键词
8	关于“第十二届全运会”“体育赛事”“志愿者”的研究	2012年：体育场馆建设、体育场馆赛后管理、水上体育旅游、赛事消费。2013年：志愿服务管理、全民健身、体育管理。2013年：竞赛组织管理、文化软实力、体育场馆布局。2014年：赛前训练监控、运动学分析、运动技术、赛前训练、人才梯次、备战信息服务、制胜因素。2015年：进攻战术、数据报道、技战术、志愿者激励、志愿者管理。2016年：办赛惠民

第一，关于“运动技术”“运动学”的研究。关于运动技术主题的研究自1959年以来一直是热点，运动学主题的研究是从1989年成为热点，研究内容整体上呈现出多元化的发展趋势。运动学研究热点的出现是运动技术研究热点演变的必然趋势，运动学分析是包括在运动技术研究范畴之内的。20世纪50年代到70年代，全运会运动技术的研究主要集中在不同运动项目上，体现为通过技术调研和技术统计使运动项目比赛成绩保持与提高。80年代，全运会运动技术研究集中在集体项目的进攻与防守方面，体现为进攻技术与防守技术的分析。此时运动心理学与运动生物力学等学科知识介入运动技术当中，并从心理学和生物力学角度对运动技术提出新的要求。90年代，运动技术研究专注于对高水平运动员的运动技术特征进行运动学分析与总结。运动学伴随着运动技术的演变成为全运会的研究热点，冯敦寿和郭俊人等是该方面研究的典型代表学者。进入21世纪以来，全运会运动技术的研究主要体现在以下三个方面：首先，对运动项目高水平运动员核心技术或者是关键技术的三维运动学分析。其次，运动技术服务于战术目的方面表现为运动技术如何用于战术意图之中。最后，围绕运动项目的制胜规律及其影响因素对运动技术进行研究，体现在运动技术的设计与评价等方面。

第二，关于“运动员”“运动成绩”的研究。20世纪50年代到70年代，运动员研究热点集中在运动训练、运动技术、运动损伤以及生物化学方法方面，运动训练则体现出冬季训练和身体全面训练的特征。生物化学方法主要体现为比赛时尿蛋白变化情况的分析。80年代，运动员研究热点开始出现在身体机能、运动成绩、战术运用、运动心理学、运动生物力学、体能、退役等方面。在身体机能方面开始介入肝血流图、最大摄氧量等生化学科的专业知识来分析与评定运动员的机能状态。运动成绩作为研究热点出现在70年代，运动成绩的研究是伴随着运动员的研究而成为热点的。90年代，运动员研究热点集中在体育奖励方面，主要是对体育奖励政策的研究。进入21世纪后，运动员研究热点主要集中在举国体制、竞技训练、交流、总体幸福感、媒体形象、转项成才方面。举国体制主要体现在对运动员退役就业安置的分析。竞技训练主要体现在膳食结构、运动寿命、核心竞技能力、选材、人才梯次特征、高原训练方面的研究。交流主要体现在运动员交流的负效应分析。

第三，关于“田径”“现状对策”的研究。田径研究热点关注的是运动技术和运动训练层面，主要体现为对比赛调研报告和训练周期的研究。进入21世纪，田径研究热点集中于对田径项目本身的研究，主要体现在以项群理论对田径项目的划分以及田径项目地域分布特征方面。随后发展到现状与对策的研究，主要体现为进行田径项目实力、运动员分布、后备力量等方面的分析。2008年北京奥运会后，田径研究将竞赛体制改革作为热点，从人才成长地理学影响因素、竞技水平区域差异、竞赛状态焦虑、身体形态、区域非均衡发展的现状出发，提出了重视优势项目挖掘与发展、比赛能力提高、教练员培养、“教体结合”协调发展、参赛风险评估与预测的发展策略。

第四，关于“女子”“足球”的研究。20世纪70年代至90年代，女子研究热点主要集中在运动技术和运动训练方面。运动技术主要体现在技术统计方面。运动训练则体现在足球项目、田径项目、医学监测以及运动学分析方面。进入21世纪，女子研究热点集中在足球发展研究以及运动训练特征理论方面。足球发展研究主要体现在比赛能力、进攻组织配合、裁判员、可持续发展、比赛特征、体能评价、后备力量方面。运动训练特征理论研究主要体现在生物力学、田径地域分布、训练理论、男性化训练模式、成绩区域特征、体能特征、后备人才、制胜因素以及周期负荷方面。

第五，关于“竞技体育”“后备人才”的研究。竞技体育成为研究热点是从2000年开始的。竞技体育成为研究主要关注体育体制改革和后备人才方面。体育体制改革研究重点体现在竞赛体制、训练体制、市场经济体制、全运战略、群众体育理性回归、奥运战略、投入与产出效应方面。后备人才研究主要体现在举国体制下三级训练网体系的分析方面。2008年北京奥运会之后，竞技体育成为研究热点，主要关注体育管理方面。体育管理研究重点体现在人才动态变化、发展走向、区域性差异、全运会东道主周期规律、“一心多点”分赛场制、运动员交流、可持续发展、犯罪行为、竞技格局、区域划分、赛事利益、均衡发展、项目地理学特征、项目布局、发展环境、体育场馆布局、区域发展、发展方式以及发展战略方面。

第六，关于“男子”“篮球”的研究。20世纪50年代至90年代，男子研究热点集中在运动技术、运动训练、运动成绩以及战术方面，运动技术与运动训练主要体现在体操和跳远两个运动项目上。运动成绩主要体现在对全国纪录的分析方面。战术研究则体现在对进攻战术和比赛战术分析方面。进入21世纪，男子研究热点集中在篮球和运动训练方面，篮球研究体现在技战术和后备人才培养上。运动训练研究则体现在运动学分析、机能指标评定、制胜因素、项目地域分布、体能、核心竞技能力、选赛方面。

第七，关于“第十一届全运会”“山东省”“体育场馆”的研究。第十一届全运会之前的相关研究热点主要集中在对举办地的影响和体育经济研究方面；体育经济研究则体现在大型赛事经济社会运行模式和全运会市场开发方面。第十一届全运会在山东省举办后有关研究热点主要集中在竞技体育、全民健身、体育产业等方面。竞技体育研究重点体现在东道主制胜的项目格局、运动技术、技战术运用、获胜心理因素、运动学、奖牌竞争格局、办赛理念演变以及与奥运战略衔接的研究方面。全民健身研究体现在全民全运和可持续发展方面。体育产业研究则体现在全运村的运行管理、全运会经济效应、体育场馆经营、赛事志愿者服务模式，以及经济水平与竞技实力方面。

第八，关于“第十二届全运会”“体育赛事”“志愿者”的研究。第十二届全运会研究热点主要体现在对体育赛事和志愿者的研究方面。体育赛事主要体现在体育场馆建设、体育场馆赛后管理、水上体育旅游、赛事消费、全民健身、体育管理、竞赛组织管理、文化软实力、体育场馆布局、备战信息服务、制胜因素、数据报道、办赛惠民等方面。志愿服务管理、志愿者激励以及志愿者管理方面也是第十二届全运会的研究热点。

3）小结

第一，全运会的可持续发展成为全运会改革的重要任务。全运会发展与竞技体育体制改革、全运会改革形成层层递进的关系。在这个递进过程中，竞技体育体制改革必将涉及全运会及其发展的问题。一方面，在顶层设计方面，国家通过政策创新促进全运会改革；另一方面，专家、学者们认为应加强全运会全面发展、关注全运会的长远利益。

第二，全运会成为促进全民健身活动开展的重要抓手。全运会受到体育界的广泛关注，成为体育学术领域研究的焦点。体育社会学和体育经济学的专家及学者在为全运会的改革与发展提供可借鉴的策略与建议。

第三，全运会成为促进体育场馆建设的重要路径。全运会的举办对于举办地经济效益和社会效益的拉动作用非常显著。体育产业以及相关产业的发展借助全运会的举办能够得到明显提升。其中，体育场馆建设是体育产业中重要的类别之一。实用性、节俭性、综合性、可拆卸性、绿色生态性、交通可达性等逐步成为全运会体育场馆建设的主要特征。

1.4.4 全运会体育场馆建设状况分析

许多专家学者对全运会的历史进行了研究与分析，并从不同的角度进行阶段划分。楼小飞（2009）[①]从市场开发角度把全运会历史演进分为无市场开发阶段（前三届全运会）；第四届和第五届全运会为市场开发的萌芽阶段，商业广告成为解决体育经费、进一步深化经济体制改革的一种重要尝试；第六届到第八届全运会期间出现了独立的市场运作公司和专门的组织机构，对商业开发的概念进行了深入探究；第九届和第

① 易剑东．全运会的商业化—产业化—市场化之路［J］．环球体育市场，2009（2）：30-32.

十届全运会为比较成熟阶段，这一阶段全运会出现了冠名权、报道权、电视转播权交易等新型的市场开发模式。易剑东（2009）[①]从投入和产出的角度将全运会分为四个阶段：一是服从政治目的和偶现经营意识阶段（前四届全运会）。这个阶段全运会的举办组织和筹备单位体现出服从政治和外交的目的。二是回归体育本原和嵌入商业意识阶段（第五届和第六届全运会）。当时中国重返国际奥林匹克赛场不久，出席开幕式的外宾以国际体育组织的负责人为主，组织机构设置也由外宾接待部改为国际部。同时，嵌入改革开放意识的商业开始萌生出发展体育产业、盘活体育资源的思路。三是规范办赛程序和初涉产业运营阶段（第七届全运会）。这个阶段开始对全运会资源进行开发、利用、整合，但总体来说还是没有摆脱计划经济时代政府主导的模式。四是注重形象提升和强化市场运作阶段（第八届到第十届全运会）。这个阶段全运会承办理念发生了明显变化，依靠全运会提升地方经济发展水平、展示地方形象成为全运会的重要特点。

第一届到第五届全运会体育场馆的建设支出全部由中央财政拨款，根据赛事在计划日期完成场馆建设。由于资金压力大、时间紧、规划不充分，场馆建成之后的赛后效应不能有效持续地发挥，反而产生场馆利用率不高、管理困难、收益差等问题。

第六届全运会开始引入社会投资，场馆建设如何引入社会资本的研究成为重点。原有的以计划经济为特色的全运会体制已经不能适应市场经济的发展。

从第八届全运会开始，产业化道路兴起，开创了市场运作的先河，为全运会场馆建设提供了新的出路。在这届全运会上，承办者充分解放思想，敢于创新，改变了过去靠政府拨款的老办法，从适应社会主义市场经济规律出发，采取了一系列新的措施[②]。场馆建设获得了市政府土地置换及城市增容费减免等12项优惠政策支持，场馆建设总投资减少10%~15%。第八届全运会的成功举办，体现出全运会场馆建设经济性

① 楼小飞．全运会市场开发的历史沿革、主要问题及对策研究［J］．西安体育学院学报，2009，26（1）：7-12.

② 徐本力．我国全运会体制的利弊及走向的探析［J］．体育学刊，2001，1（1）：5-8.

的极大潜力。[①]

第九届全运会在多个方面完全采取了市场化的运作方式，如场地广告、项目冠名以及电视转播权的出售等，把过去以有形物资集资为主的方式转变为以无形资产开发利用为主的集资方式，把过去全运会中行政型为主的集资形式转变为以市场型为主的集资形式。[②]

第十届全运会的资源开发较好地遵循了市场规律和体育赛事规律，同时借鉴了奥运会市场开发的成功经验[③]，市场开发合同金额达到4.6亿元，实际盈余超过4.7亿元[④]。

第十一届全运会期间，全运会场馆运营问题受到关注，全运会场馆的赛后利用成为研究的重点。根据第十一届全运会的竞赛需求，山东全省需要规划建设129个体育场馆，其中，新建场馆共61个，包括比赛场馆17个，新建训练场馆44个；改造场馆共83个，包括比赛场馆64个，训练场馆19个。全运会固定资产总投资为238.8亿元，仅场馆建设拉动的投资就有14.4亿元。[⑤]围绕全运会场馆建设，出现了首个全运村，可以同时居住10 000多人，包括8 000多名运动员和3 000多名记者[⑥]，极大拉动了相关产业的发展。与2008年相比，济南市旅游人口增幅为24%[⑦]，日照市奥林匹克水上公园旅游人数达到10万人[⑧]。第十一届全运会组委会充分考量了体育场馆赛时使用和赛后的利用问题，将体育场馆建设选址在高校，并且尽可能接近社区街道，以方便居民参与健身锻炼。据统计，第十一届全运会山东省27个体育场馆建设分布在12所高校，其中新建21个体育场馆分布在6所高校中，其余分布在高校的体育场馆也得到改建扩建。这些体育场馆的建成为所在高校带来了巨大的教

① 钟秉枢，张建会，蒋家珍，等. 制度变迁、城市遴选、市场开发：我国综合性体育赛事改革研究［M］. 北京：北京体育大学出版社，2011.

② 田雨普. 借鉴奥运会经验提高十运会经济效益的研究［J］. 体育与科学，2004，11（6）：18-21.

③ 刘清早，李南筑，曹可强，等. 关于提升全国运动会无形资产价值的研究［J］. 体育科学，2005，12（12）：87-91.

④ 林景，张华. 从全运会历史和十运会现状看我国竞技体育的发展方向［J］. 湖北体育科技，2006，7（4）：378-380.

⑤ 佚名. 全运经济显亮点一季度GDP同比增长7.3%［EB/OL］. https：//sd.dzwww.com/jinanxinwen/200904/t20090421_4415855.htm.2009-4-15.

⑥ 乔霞. 全运会的历史演进及改革研究［D］. 北京：北京体育大学，2013.

⑦ 佚名. 全运会为山东送来大“红利”［EB/OL］.［2009-10-05］. http：//www.dzwww.com/2009/ jzbqy/ yt/200910/t20091025_5121827.htm.

⑧ 袁涛. 全运会为山东送来大“红利”［EB/OL］.［2009-10-26］. https：//paper.dzwww.com/dzrb/data/20091025/html/2/content_1.html.

学和科研利益，带动了这些高校的发展。第十一届全运会的成功举办是全运会场馆经济效应的全方位体现。

全运会场馆建设实际上是在全运会逐渐市场化、产业化的历程中不断演进和发展的。全运会利用社会资本进行体育场馆建设是市场化的明显特征。全运会场馆建设对城市经济发展的带动作用逐渐增强。全运会承办理念发生了明显变化，依靠全运会提升地方经济发展水平、展示地方形象成为全运会的重要特点。全运会对举办城市的经济和社会效益的拉动作用主要体现在赛事门票收入、电视转播、广告、赞助、吃、住、行、娱、购、就业以及财政税收等方面。全运会场馆建设综合利用和经济性成为规划的重点。体育场馆综合体是全运会体育场馆建设的发展趋势。

1.5 全运会体育场馆建设的特征及存在的问题

1.5.1 全运会体育场馆建设的特征

1）全运会体育场馆建设的融资特征

第一届到第五届全运会体育场馆完全由政府出资建设。改革开放之后，顺应市场经济的发展方向，第六届全运会第一次运用社会集资的方式为全运会场馆建设融资。第六届全运会通过发行奖券、办理广告业务、吉祥物专利出售等方式融资，同时为了引入国内外的社会资金，成立了专门的服务总公司。第六届全运会的建设投资相当于过去30多年体育建设总投资的14倍。[①]

第八届全运会用多方融资的方式进行体育场馆建设。在体育场馆建设模式上还出现了企业承建交付、院校筹资建造、工会筹资承建的方式。[②]

第九届全运会场馆建设方面投资40亿元，其中省政府财政拨款占总投资的比重为45%，各赛区市县区筹资占总投资的55%。第九届全运

---

① 徐开娟. 新中国全运会演进历程研究［D］. 上海：上海体育学院，2011.
② 田芬. 基础教育均衡发展研究［D］. 苏州：苏州大学，2004.

会开创了全运会场馆建设市场化、商业化的先河。

第十届全运会拓展出了省校合作、BOT、社会直接投资等多种融资的方式。第十届全运会场馆建设总投资54.8亿元，省财政投入占51%，其余均为市县投资、建设单位自筹及社会资金筹集①。

第十一届全运会是由山东省负责比赛训练场馆的建设，济南市负责主场馆的建设，其他市负责所承办项目体育场馆建设。第十一届全运会的比赛共需要130多个体育场馆，其中需要新建的有34个。②体育场馆建设利用了部分高校、企业及社会既有资源。在第十一届全运会筹办期间，山东省投资105亿元，在17个赛区共新建、改造比赛和训练场馆129个，其中比赛场馆64个，训练场馆65个。这些新建和改建的体育场馆面积是2005年山东省体育场馆面积的147%，高达220万平方米③。

第十三届全运会拓展了区校合作、PPP、社会直接投资等多种社会融资方式。体育场馆建设PPP模式即政府和企业组织合作建设体育场馆设施。④天津全运会新建体育场馆中，区政府与学校共同出资建设9座；区政府投资（建设单位自筹）建设7座；社会投资建设4座；市政府投资建设1座。

2）全运会体育场馆的分布特征

前八届全运会场馆分布在北京、上海、广州三地，全运会体育场馆的分布十分密集。在计划经济时期，实行的是计划拨款、赛后核销的管理办法，基本上是靠中央政府及举办地政府的财政拨款维持运行。前四届全运会都是由北京承办。第五届全运会第一次走出北京，由上海举办。从第六届全运会开始，原本计划以后每个省份轮流办一次，但后来中央考虑到各地经济水平参差不齐，为充分利用现有的体育设施，便又更改为在北京、上海、广东三地轮流举办⑤。第八届全运会在上海修建

① 王龙飞，陈瑜．我国近三届全运会场馆建设与运营研究［J］．体育文化导刊，2009（4）：75-79.

② 孙炜，孙一甲．第十一届全运会场馆建设的社会融资“共赢”体系研究［J］．体育科技文献通报，2008（5）：93-94.

③ 山东省体育局．第十一届全国运动会组委会总结报告［Z］．2009，11.

④ 董传升，邵凯．我国体育场馆PPP模式困境与中国化应对策略［J］．沈阳体育学院学报，2017，36（6）：19-25.

⑤ 丁英俊，朱冀．全运会运作模式演变分析［J］．体育文化导刊，2008（10）：12-14.

的38个场馆平均分布在区县中心、街道、高校。这有利于体育场馆赛时和赛后的利用，居民观看比赛和参与健身得到兼顾。

从第九届全运会开始，比赛地点向着越来越分散的趋势发展，出现了越来越多的分赛区。第九届全运会投入了大量的人力、物力，在硬件和软件上都力争与国际接轨，同时，在这次全运会上，广东省首次引进了“分赛区”的概念，除广州外，全省设立了15个分赛区。在深圳举行的自行车赛场离广州有50多千米，最远的汕头离广州有6个小时的车程。虽然第九届全运会的比赛场地比较分散，但组委会在赛前做了大量的工作，增加服务车辆使参赛人员和记者能尽快到达赛场。①

第十届全运会是一个转折点。随着改革开放的逐步深入，中国经济的高速发展促使全运会的承办方式再次进行了调整。2000年12月，《关于取消全国运动会由北京、上海、广东轮流举办限制的函》中指出：“同意取消全国运动会由北京、上海、广东三地轮流举办的限制，允许有条件的省、自治区、直辖市申请举办全国运动会。”湖北、江苏、陕西、辽宁、浙江五省立即提出申办第十届全运会。经过激烈角逐，第十届全运会举办地确定为江苏省南京市。至此，全运会场馆由北京、上海、广东三个城市逐渐分布到全国。江苏共在全省设立了28个分赛区，承办比赛的共有13个省辖市、9个县级市和6所高校。②

第十一届全运会在山东省举办，其以“举省办全运，共享全运机遇”作为办赛原则，竞赛项目安排到全省17地市。由于人口密集的中心城区没有充足的体育设施备用地，加之城市扩张和赛时观众疏散、交通保障等原因，新建场馆大多在城市边缘选址建设，并倾向于集中建成一个体育场馆群。从产权分布来看，大部分体育场馆的赛后经营管理权交由体育部门或者体育部门所属公益类事业单位，少部分如青岛市体育中心交由国有资产管理公司运营。

第十二届全运会辽宁省新建、改建体育场馆133个，包括68个比赛场馆，65个训练场馆。这些体育场馆分布在辽宁省的14个地级市，为第十二届全运会31个比赛大项提供赛时保障。从产权分布来看，各市

---

① 丁英俊，朱冀．全运会运作模式演变分析［J］．体育文化导刊，2008（10）：12-14.
② 王显生．全运会发展审视［J］．体育文化导刊，2010（4）：3-6.

体育场馆占59%，省体育局所属体育场馆占15%，高校体育场馆占16%，企事业和私有体育场馆占10%[①]。沈阳市体育场馆的建设大多选址于高校，为高校体育设施的改善带来巨大的机遇。[②]在选址规划方面第十二届全运会也有所改变，从集中投放的大规模建设到注重服务半径，如沈阳没有建设过度集中的大型体育建筑群，这既有利于大型赛会的交通组织，也对运动员的保护和管理、赛场的协调与公用、比赛观看的可达与疏散有所裨益。[③]

第十三届全运会场馆建设选址既要考虑城市资源的平衡配置、后期的运营管理，又要考虑市民利用需求和区域经济发展需要。其特点可总结为以下方面：一是将体育设施分散在高校。第十三届全运会高校承办比赛比例及新建高校体育场馆比例均高于第十二届全运会。二是场馆建设突出重点。天津市静海区健康产业园内就有新建的天津体育中心小轮车场、垒球场、足球场、橄榄球场、射箭场，成为一个多功能、综合型比赛场地。赛后可用于专业运动员的训练，承担着促进天津市竞技体育发展的重担。三是场馆建设突出优势。天津市在中心城区着重改扩建原有体育场馆，在环城区和近郊区重点建设多个体育场馆，建立起大都市体育场馆的复合结构，改变了城市基础体育设施面貌，加速了体育产业升级。

全运会体育场馆呈现由北上广到全国、由集中到分散，由中心城市向下属市县分布的特点。产权逐渐从政府所有转变为社会、高校所有。

3）全运会体育场馆的政策特征

许多学者对体育场馆政策进行了研究。雷厉（2000）[④]把国内的体育场馆政策法规分为体育场馆设施建设规定、管理规定和使用规定三大类。杨凤华等（2014）[⑤]基于有效供给理论把我国公共体育场馆政策分为三个阶段，第一阶段为规划建设时期（1949—1984年）。这一时期中

---

① 毛瑞秋．十二届全运会后辽宁省场馆经营模式的问题与对策研究［J］．辽宁体育科技，2018，40（6）：27-30；38.

② 孔庆梅，赵振文．十二届全运会体育场馆赛后经营的对策研究［J］．辽宁行政学院学报，2012，14（4）：20；23.

③ 梅洪元，陈禹，杜甜甜，等．从“全运”到“全民”——由第十二届全运会看体育建筑新发展［J］．建筑学报，2013（10）：48-54.

④ 雷厉．国内外体育场馆政策及对我国体育场馆未来发展的启示［J］．体育文史，2000（3）：12-14.

⑤ 杨风华，刘洁，肖楠楠．我国公共体育场馆政策法规演变研究——基于有效供给理论视角［J］．成都体育学院学报，2014，40（2）：37-42.

国的体育发展滞后，体育设施还未普及，人民总体健康水平有待提升。急需体育场地设施的快速建设与普及，以满足人民群众对于健身的需求。国家各部门出台了《关于开展体育运动暂行办法纲要》（1955）、《关于充分发挥体育场地使用率的通知》（1980）、《全国体育事业发展规划纲要（草案）》（1978）等文件，提出了体育场馆修建与重建要求，并将体育场馆设备列入城市和县城建设规划中。第二阶段为改革探索时期（1984—1995年）。这一阶段我国体育场馆建设初具规模，随着体育场馆建设数量的增加，体育场馆建设和管理的持续投入成为各级体育部门高度重视的问题。《贯彻执行中共中央关于进一步发展体育运动的通知的意见》中明确提出体育场馆建设既要保证效率，又要实行多种经营，体育场馆建设的主体要逐步向企业、半企业性质的单位转变。各地公共体育场馆基于政策法规导向和自身发展诉求，同时借鉴国外先进经验，从实际出发，因地制宜，大胆探索多种多样的改革方式。第三阶段为改革深入时期（1995年至今）。这一时期鼓励体育场馆建设走社会化、产业化的道路，形成国家和社会共建体育事业的局面。例如，1995年颁布的《中华人民共和国体育法》中规定，体育场馆要服务人民、提高效率，鼓励企业事业组织、社会团体和公民兴办体育场馆设施，共同支持体育事业发展。1996年11月出台的《国家体委关于深化改革加快发展县级体育事业的意见》中提出，公共体育场馆不应以营利为目的，但可以实行有偿服务和部分有偿服务，注重社会效益，兼顾经济效益。

张冰等（2017）①在政府和行业协会两个不同的维度研究了体育场馆运营业的相关政策法规。其将我国现有的体育场馆运营的政策法规分为三类：一是国务院或有关部委发布的纲要性政策法规。二是各部委以及地方政府执行的指导性政策法规。三是行业发展所需要的标准、惯例等涉及技术和管理的规章制度。

胡国艳（2014）②根据体育场馆发展的不同时期对体育场馆政策进行了总结，主要内容如下：第一，缓慢发展时期的城市化导向特点、教

---

① 张冰，鞠传进，周洁璐．我国体育场馆运营业相关政策演变及建议［J］．西安体育学院学报，2017，34（1）：48-54．

② 胡国艳．改革开放以来我国体育场馆政策阶段特点的研究［D］．武汉：华中师范大学，2014．

育导向特点，即加强体育场馆在城市规划中的作用以及加强学校体育场馆设施的普及；第二，改革探索期的经济化导向特点、社会化导向特点，即关注体育场馆的市场化、产业化、经济性以及改善居民健身条件；第三，平稳快速发展期的法治化导向特点、亲民性导向，即现代法治与体育场馆市场经济相适应，加强对体育场馆规范化、法治化管理，同时注重公共体育设施建设，满足居民的健身需求；第四，体育强国迈进期政策更加具体化、科学化的特点，表现为对体育场馆政策的进一步具体、细分、量化，注重科学化管理，重视体育场馆的惠民成效。

吴志文（2019）①在梳理体育场馆相关政策后，指出了体育场馆政策的三个特征：第一，体育场馆政策制定主体趋于联动。体育场馆政策的制定主体不再局限于单一的个体单位，而是趋于多部门联合制定。第二，体育场馆政策由“重视建设”转向“建设和管理并重”。随着我国体育场馆规模不断扩大，管理成为体育场馆研究的一个重要问题。第三，体育场馆政策内容趋于具体化是因为中国的体育产业结构不断完善。产业不断细分使得产业结构变得更加复杂，更加具体的政策对于支持、规范、引导产业发展是有必要的。

总结以上学者的研究观点可以发现，体育场馆的政策是依据现实需要不断演变的，在体育设施较为缺乏、群众身体素质较低、现有设施不能满足群众健身需求的时期，我国体育场馆政策着重于场馆建设和体育设施普及。此阶段的政策虽然粗犷但有效。改革开放后，我国进入市场经济时期，人民的生活条件、收入水平都有了很大改善，此阶段体育场馆建设颇具规模。但出现管理成效低、利用效率不高等问题，为解决这些问题体育场馆政策逐渐具体化、规范化，对场馆的投资结构、管理模式进行改革，更加注重市场化发展。目前，体育场馆建设管理市场化程度越来越高，体育场馆政策的制定更加体现科学性、更加注重人民群众的利益、更加符合市场经济的发展规律。由此可见，在体育场馆发展的进程中，其政策的靶向性逐步趋向有利于全民健身活动的开展、有利于场馆惠民成效的体现、有利于满足人民群众多样化的健身需求。

---

① 吴志文. 我国体育场馆政策分析与完善研究［D］. 北京：首都体育学院，2019.

1.5.2 全运会体育场馆建设中存在的问题

雷厉（2000）[①]指出，与发达国家相比我国的体育场馆建设存在一些问题。从政策法规层面看，我国制定针对体育场馆资源利用的法规性政策和文件不足，难以满足我国体育事业的发展需要。

庹权（2002）[②]指出体育场馆存在以下问题：一是建设与经营的矛盾，即承办单位缺乏系统的可行性论证和有效的制度约束，往往造成自身偏好与社会需求的背离；二是供给与需求的矛盾，表现在人们的体育文化消费更加理性，供给关系已经向“买方”市场倾斜，“卖方”的支配地位受到挑战；三是本位与错位的矛盾，表现为我国很多大型体育场馆多是定位于满足竞赛的需要；四是体育场馆的经营受到固有的制度文化的限制。其提出政府应该顺应经济发展的规律，提高教练员、高校后备生源等体育相关从业人员素质，打破封闭保守思想，鼓励用创新思维去推进体育场馆建设。

陈元欣等（2007）[③]指出，市场失灵和政府失灵是导致综合性大型体育赛事场馆设施建设困境的主要原因。市场失灵是由体育场馆公益属性、市场外部性、自然垄断性、场馆设施建设与经营过程中信息严重不对称这四个因素引起的。政府失灵是由三个方面引起：一是政府投入不足。二是体育场馆设施建设决策失误。三是体育场馆建设成本高昂，表现为场馆设施建设过分追求社会效应、场馆设施提供者缺乏竞争、场馆设施提供者缺乏追求利润的动机、场馆设施提供者资金使用缺乏约束和监督。其根据以上论述提出明确政府职能、加大政府投入、建立科学决策机制、提高场馆设施建设决策的科学性、政府与市场合作、实现优势互补、弥补各自缺陷以及实施场馆设施建设的民营化战略等对策。

王喆等（2013）[④]认为体育场馆没有充分配置各项赛事资源，不利于赛事活动的承接与举办；大型活动被动获取，等客上门现象严重；与大型活动组织机构缺乏日常的沟通与合作；在大型活动运作中角色过于

---

① 雷厉．体育场馆发展概况及存在问题（综述）［J］．山东体育科技，2000（4）：81-85；91.

② 庹权．我国大型体育场馆的经营困境分析［J］．体育学刊，2002（3）：126-128.

③ 陈元欣，方曙光，王健．我国综合性大型体育赛事场馆设施建设的双重困境［J］．上海体育学院学报，2007（4）：23-27.

④ 王喆，陈元欣．大型体育场馆市场化运营中获取大型活动资源策略分析［J］．首都体育学院学报，2013，25（3）：196-204；213.

单一，增值服务较为缺乏；场馆宣传不够，预订信息难以有效获取；场馆功能无法满足多种类型的活动等。其建议在资源获取、信息流通、功能改造、外联合作、运营联盟、资源共享等方面进行改革与完善。

张现成等（2013）①对我国大型体育场馆闲置弃用问题进行深入探究，发现闲置弃用的大型体育场馆主要有四种类型：体育文化遗产保护类、非本土优势项目或退出奥运会竞赛项目类、城市边缘化类、奢华类。文化遗产保护意识淡薄与追逐商业利润的功利性、场馆公益性与经营性的脱节、制度嵌入的缺失、可持续性比赛与冠名权的缺失等因素是大型体育场馆闲置弃用的主要因素。其提出加强文化遗产保护，建立市场介入下的政府财政保障与扶持嵌入制度、公平公正的科学决策制度，创立“四位一体”的责任共担体系等应对策略。

王洪利等（2013）②在分析了第十一届全运会场馆建设的情况后，指出场馆建设存在投资结构单一、低碳节能设计导致运营成本过高、选址分布导致场馆赛后利用效率低下等问题。其认为第十一届全运会投资结构相对单一，大部分体育场馆都是由政府部门投资和规划建设，只有少部分场馆利用学校和企业现有的场馆。很多场馆在一次性的高额投资之后，往往还伴随着长期的高额运营管理费用，给地方造成了很大的经济压力。体育场馆是国有资产，大部分场馆的赛后经营管理权交由体育部门或者体育部门所属公益类事业单位，高度依赖计划手段，即依靠行政管理部门层层下达的政策、文件、指示等手段来维持运维，场馆的运转维护以及人员工资福利等经费的提供大多来源于政府部门的财政预算和拨款，导致管理人员安于现状，管理服务效能低下。由于过于追求节能低碳，使用一些环保材料，引起赛后体育场馆维护成本和能源支出过高，直接影响到场馆运营。在场馆的建设规划选址时期，仅考虑到城市中心用地成本高，就把场馆建设在城市边缘，导致居民使用不方便，场馆利用效率低下。

毛瑞秋（2018）③分析了第十二届全运会场馆赛后经营管理的问

① 张现成，黄汉升，方千华，等. 我国大型体育场馆闲弃的类型、成因及对策研究［J］. 天津体育学院学报，2013，28（2）：115-119.

② 王洪利，王桂达. 第十一届全运会场馆建设及赛后利用的成果与问题研究［J］. 建筑经济，2013（11）：29-32.

③ 毛瑞秋. 十二届全运会后辽宁省场馆经营模式的问题与对策研究［J］. 辽宁体育科技，2018，40（6）：27-30；38.

题。其发现第十二届全运会场馆投资方式单一，多数场馆沿袭政府控制下的事业单位自主经营模式，场馆建设市场化改革难以推进；场馆管理人才缺乏，人才结构不合理，导致场馆效率低下，经营情况不佳；场馆运行经费巨大，政府负担沉重。第十二届全运会期间，各级政府对场馆实行大量的全额补款和差额补款以保证场馆的运行，高昂的成本造成极大的经济压力，使场馆闲置或废弃；金融体制和资本市场的信用体系不完善制约场馆发展。针对以上问题，其提出第十二届全运会后场馆的经营模式有必要实施改革，政府部门应转变观念，建立相关的政策法规，培育良好的市场环境。

综上所述，体育场馆存在的问题主要表现为场馆管理成本高、场馆利用率不高以及场馆收益性差。在场馆的产权方面，由于场馆的投资建设主体多为政府单位，建成后场馆的管理权也属于政府单位，场馆建设的市场化程度仍需推进。在场馆建设中，过度追求规模、环保，反而使得建成后运营成本过高，使得场馆亏损或闲置。在场馆选址方面，选址分布不合理，远离市区，造成场馆利用率低。体育场馆的空间地理布局情况直接影响全民健身活动开展的效果以及体育场馆惠民成效的实现。在经营管理中，场馆管理模式滞后，专业人才少、冗员严重导致员工效率低下。对场馆建设问题的改革应该从多层次、多方位、多理论的角度入手，从政策规范、场馆建设空间地理布局、运营市场模式、经营管理等多方面进行改革，依托市场化的经济学规律，依据经济地理学关于“点-轴-网”的空间地理布局理论，借鉴发达国家场馆建设的空间布局模式与空间配套措施，推进场馆建设的高质量发展。

1.6 关于惠民的界定

1.6.1 惠民理论基于马克思主义公平学说

马克思主义关于人的全面发展理论从人类劳动权和生存权的发展方式、共产主义社会的发展条件、人类发展权的基本条件方面揭示了公平正义的取向。

马克思主义关于人的全面发展理论的内涵就是使人得到发展，使人得到实惠，也就是使人民得到实惠，即马克思主义关于人的全面发展理论的目标宗旨就是为了惠民，就是使人民得到实惠。马克思主义公平学说是马克思主义关于人的全面发展理论的基础，从这层意义上理解，马克思主义公平学说就是惠民理论的基础。

1.6.2 公平思想折射出惠民理念

在改善民生水平让改革成果更多更公平惠及全体人民的伟大进程中，健康中国战略的实施具有重要的指导意义。对我国体育事业的发展具有举足轻重的指导作用，成为建设体育强国进程中重要的行动举措与方案。

1.7 关于惠民工程的界定

1.7.1 惠民工程

文化惠民工程是集中体现党执政为民的重要举措，是让百姓有幸福感、得实惠的重要抓手。体育惠民工程是文化惠民工程的一个分支。

1.7.2 体育惠民工程

体育惠民理念主要通过推进基本公共服务均等化政策及相关举措的出台与实施得到体现。

体育场馆隶属于公共体育设施范畴。体育场馆是构建公共体育服务体系的关键物质条件。体育场馆具有推进城市建设、推动民生事业发展、服务人民等作用。公共体育服务体系的建设与完善很大程度上在于体育场馆的公共服务成效和运营管理水平。因此，体育惠民工程是建立在公共服务体系之上的。

《关于加强大型体育场馆运营管理改革创新，提高公共服务水平的意见》提出加强改革创新，提高运营效能。一方面，通过引入和运用现代企业制度和加强绩效考核的方式创新体制机制；另一方面，试行建设、管理和运营一体化的体育场馆运营模式，整合升级品牌、管理和资本要素结构，朝着规模化、专业化和社会化方向转型。其次，强化体育服务的公共性，注重时效性。一方面，扩展体育场馆服务内容，实施体育场馆免费低收费向公众开放方案；另一方面，创办国内外品牌赛事，发挥体育场馆的主体功能优势，打造体育服务综合体。此外，《关于印发〈大型体育场馆基本公共服务规范〉、〈大型体育场馆运营管理综合评价体系〉的通知》对体育惠民工程的实施起到重要的指导作用。

《国家体育总局关于印发〈体育场馆运营管理办法〉的通知》提出，体育场馆开放应达到35小时/周、330天/年、8小时/天的时间要求。可见，体育惠民工程对于体育场馆运营管理的内容要求做出了具体而翔实的规定。

1.7.3 全运惠民工程

第十一届全运会首次出现赛事覆盖全省17个地级市的局面，这充分彰显了全运惠民的理念。首先，全省新建改建的129个体育场馆分布在山东省的17个地级市，菏泽市和莱芜区首次建成了标准体育馆。体育场馆全省分布的格局为山东省开展全民健身活动提供了坚实的基础条件，提升了全运惠民的效果。其次，山东省将全运会所用场馆尽可能地建在学校和居民区，极大提升了全运惠民的直接效益。最后，山东省构建了以济南为中心的“一点三线”空间布局模式，即以地级市为点串联而成的东部滨海线、南部文化名城线、西北黄河沿线的“三线”和以济南为中心的“一点”。这样的全民建设场馆设施空间布局模式不仅有利于省内体育场馆惠民措施的实施，而且更加有利于山东省体育旅游的融合发展，激发全运惠民的溢出效应，即借助旅游产业来拉动体育场馆的经济效益和社会效益，进而真正使全运惠及人民群众。

第十二届全运会不仅贯彻了“节俭全运”“文明全运”的办会理念，还将“全民全运”的创新思想体现在全运会的筹备和举办的全过程。辽宁省政府充分利用举办第十二届全运会和“国家中心城市”发展目标的战略机遇，制定“稳增长、办全运、惠民生、抓党建”的规划方案，加强全民健身公共体育场馆设施新建及改扩建，完善优化覆盖街道

（乡镇）和社区（村屯）的全民健身组织和健身站（点）。2012年，沈阳市建成13个区县（市）级全民健身中心，人均体育场地面积超过1.4平方米。

2015年5月28日，国家体育总局与天津市政府签订了协同推进“全运惠民工程”协议，这与2017年在天津举办第十三届全运会的主题“全运惠民、健康中国”一致。“全运惠民工程”是一项政府主导、部门协同、全社会参与的系统工程，也是一项借助全运会为群众谋福利、促进美丽天津建设的重点工程。“全运惠民工程”以2017年天津举行的第十三届全运会为契机，从2015开始实施。国家体育总局从2016年连续3年共投入支持资金3亿元。通过天津市先行先试，在全国范围形成带头示范作用，实现“全运要惠民、百姓是主角、为民是主题”的目标。

“全运惠民工程”的目标任务如下：探索全民健身和竞技体育协调、可持续发展的新机制，探索全运会及大型运动会对促进举办地全民健身发展的路径与模式；推动天津市建立和完善“政府主导、部门协同、社会参与、惠及全民”的全民健身公共服务体系；深化改革创新，形成政府购买体育公共服务、市场资源推进健身服务和市民消费享受健身服务的多元化全民健身的新格局，让广大人民群众充分享受到举办全运会带来的实惠。[①]《“全运惠民工程”天津市重点全民健身设施建设规划》主要涉及加强天津市体育设施的建设布局、完善全运会场馆的赛事需求与赛后利用的结合。城市全民健身中心、社区“15分钟健身圈”体育设施、社区体育中心、城市体育公园建设呈现出天津市体育设施建设布局的特色。比如，在城市的每个区县建成“五个一”设施（体育场、体育馆、游泳馆、全民健身中心、体育公园）；以“六边”工程（即健身组织、健身设施、健身活动、健身赛事、健身指导、健身宣传）为抓手，建立并完善天津市公共体育服务体系；以政府购买公共服务和鼓励社会力量参与体育场馆运营为创新模式。

① 佚名.协同推进“全运惠民工程”[N]. 中国体育报，2015-05-09.

1.8 全运会体育场馆建设惠民成效实施模式分析

1.8.1 全运会体育场馆建设与惠民成效的关系

1）惠民成效界定及其内涵

成效一般指所获得的预期效果和功效。惠民的含义是使人民得到实惠。惠民成效就是指人民群众获得实惠的预期效果和功效。本书的惠民成效主要指全运会体育场馆建设对于人民群众获得实惠的预期效果和功效。我国不断就加强体育场地设施建设、推进全民健身计划实施、推动体育强国建设等工作做出重要部署，从体育场馆的设计建设到运营管理，不断深化要求，推动体育场馆建设质量与效率的提升，不断满足人民群众多元化的健身健康需求。研究全运会体育场馆建设惠民成效具有重要的现实意义。

“以人民为中心”的发展观成为推进我国体育事业发展的新理念、新思想、新战略，也是满足人民美好生活需要的重要着力点。“发展为了人民”“发展依靠人民”“发展成果由人民共享”揭示了“以人民为中心”体育发展思想的理论内涵，关乎体育事业发展的方向和成效。体育惠民是“以人民为中心”体育发展思想的具体体现，深刻阐释了新形势下让全体人民共享体育发展成果、增强体育“获得感”的实践内涵。第十三届全运会通过设置群众参与的比赛项目使得全运惠民的成效显著增强。通过“六以”战略（以各级政府为责任主体，以提高锻炼人口比例和国民体质合格率指标为核心目标，以政府和市场两手发力为突破口，以创建运动休闲城市、体育强县、运动休闲特色小镇为主要抓手，以构建“大体育”的体制机制为动力，以政策法规为保障）推动“六个身边”工程（健全群众身边的体育健身组织、建设群众身边的体育健身设施、丰富群众身边的体育健身活动、支持群众身边的体育健身赛事、加强群众身边的体育健身指导、弘扬群众身边的体育健身文化）实施，使得健身惠民的成效充分显现出来。

2）夯实体育场馆建设与全民健身之间的促进关系有助于达成惠民成效的目标

《国务院关于加快发展体育产业促进体育消费的若干意见》阐述了发展体育事业和体育产业是提高中华民族身体素质和健康水平的必然要求，确立了增强人民体质和提高健康水平是发展体育事业的根本目标，进而将全民健身上升为国家战略。采取免费或低收费开放的形式，积极推动企事业单位、学校体育场馆向社会开放，为群众提供公益性的体育健身服务和健身消费优惠政策。

《体育强国建设纲要》提出，到2035年人均体育场地面积达到2.5平方米，全民健身更亲民、更便利、更普及，公共体育服务体系的建设更加完善。《关于促进全民健身和体育消费推动体育产业高质量发展的意见》提出通过优化体育产业供地、因地制宜建设体育设施、加大全民健身设施建设力度、挖掘学校体育场地设施开放潜力、规范体育场馆公共安全服务供给、加强建设场地设施、增加要素供给，推动实施全民健身行动，使得参加全民健身活动成为一种生活方式，让体育锻炼更好地惠及人民群众。《关于加强全民健身场地设施建设发展群众体育的意见》（以下简称《意见》）提出加强体育场馆建设是各级人民政府的公共服务职能，要增加健身设施有效供给。全运会体育场馆除了赛事举办专门使用之外，用于全民健身也是其重要的内容。因而，全民健身场地设施补短板工程也包括全运会的体育场馆。《意见》通过健身设施配置的合理化、健身环境的逐步完善以及健身氛围的形成充分体现出体育场馆建设惠民的理念。

在全民健身国家战略、构建公共体育服务体系、倡导体育锻炼生活方式等逐步成为体育场馆建设重要目标的发展政策背景下，各级体育行政部门的工作目标和任务就是要便民、利民、惠及人民群众。基于此，体育场馆建设与惠民成效表现为路径方法与目标任务的关系，具体实施路径与设计目标的关系，即通过体育场馆建设来实现满意的惠民成效。

3）体育场馆空间布局有助于提升体育场馆建设的惠民成效

体育场馆建设对于公共体育服务体系的构建是至关重要的。《关于加强大型体育场馆运营管理改革创新提高公共服务水平的意见》指出大型体育场馆是开展公共体育服务的重要物质基础，构建公共体育服务体系与体育场馆建设密不可分。体育场馆建设的状况和效果很大程度上取决于体育场馆建设的空间布局状况。体育场馆建设要遵循科学规划建设的思路，以统筹规划为着力点全方位布局体育场馆建设。首先，体育场馆建设类型、规模和数量应根据各地经济社会发展水平、人口状况、环境条件和体育发展需要合理进行规划；其次，鼓励通过体教结合等方式共建共享体育场馆，充分利用社会资源，避免重复建设和资源闲置；最后，严格控制大型综合性运动会新建体育场馆规模和数量。作为体育场馆建设过程中需要预先考量的重要环节，体育场馆空间布局影响公共体育设施的构建，对于体育场馆发挥其公共体育服务功能起到非常关键的作用。惠民成效与公共体育服务直接相关，惠民成效取决于体育场馆的公共服务质量与管理能力。在体育场馆管理的实践过程中，可以鼓励大型体育场馆创新惠民举措、拓展服务项目、扩大公共服务范围、分时段免费或低收费向公众开放。

4）城市化水平直接影响体育场馆建设的惠民成效

推进城市化发展对于经济社会协调发展起着重要的作用。城市是在经济社会不断发展过程中通过集聚与扩散作用而形成的，具有显著空间地理特征。从经济学的视角来看，城市化的基本含义是指由于工业化而引起的人口向城市集中的过程。[①]从宏观与微观的视角来看，城市化发展不仅推动着城市经济与社会的发展，而且关乎人民群众的民生、改善并提升居民的生活环境和教育、健康及健身条件。体育场馆建设有助于推动城市化发展进程。第一，体育场馆建设加快推动了城市基础设施的提升与完善。随着体育场馆建设的规模要求和信息技术的渗透，体育场馆所属区域的通路、通水、通电、通话、通邮、通热、通气等基础设施的建设、生态环境保护及发展设施的建设、交通基础设施的建设、网络信息及通信基础设施的建设、安保基础设施的建设将会得到显著改善与提升。第二，体育场馆建设有效地促进了城市人口的集聚。随着体育场馆综合体建设的发展，其配套设施、公益设施以及基础设施等不仅拉动

① 陈甬军，陈爱民．中国城市化实证分析与对策研究［M］．厦门：厦门大学出版社，2002：1-3.

了该区域旅游业、住宿业、餐饮业、休闲娱乐业的发展，而且提升了该区域土地综合开发的商业价值。第三，体育场馆建设提升了城市文化韵味。体育场馆建设通过标志性的体育建筑赋予了城市独具特色的文化内涵，将体育建筑的价值观念及其社会体育活动模式以一定的艺术属性和技术手段表达出来。体育建筑所附带的文化内涵具有浓厚的地域民族特殊性和历史传承性。第四，体育场馆建设提高了城市管理水平。体育场馆建设完善了城市建设与管理的体制与机制。第五，体育场馆建设有效改善了人居生态环境。体育场馆建设以建设生态型城市为着力点，以促进经济、环境生态、人与自然等方面发展为理念，进而实现惠及城市居民的目标。

5）全民健身是体育场馆建设惠民成效的重要组成部分

体育场馆建设不仅能够满足人民群众参与体育健身、增强体质健康的需求，而且可以改善人民群众生活质量。全民健身是体育场馆建设惠民成效主要考量的内容。体育场馆建设惠民成效的主要观测内容就是全民健身情况，围绕全民健身开展的情况分析体育场馆建设惠民成效，在此基础上优化体育场馆建设，更好地惠及人民群众。目前，体育场馆建设服务全民健身领域存在场馆建设数量不足、中小型体育场馆建设结构失衡、场馆建设布局不合理、场馆建设功能缺陷、场馆建设相关政策执行难等问题。保障与完善体育场馆建设的惠民成效需要加强体育场馆建设全民健身考量。

1.8.2 基于经济地理学构建全运会体育场馆建设惠民成效实施模式

1）城市体育场馆建设的体育产业属性

《体育产业统计分类》（2019）明确提出，体育产业分为11个大类、37个种类、71个小类。《体育产业统计分类》是体育场馆建设的行动指南。由此可见，体育场地设施建设属于体育产业的类别之一。

下面以大连市为例进行说明。2019年大连市体育场地设施建设的总产出为11.17亿元，占体育产业总产出的3.26%（见表1-20）。

表1-20　**2019年大连市体育产业总产出和增加值相关数据**

分类名称	总量		结构	
	总产出	增加值	总产出	增加值
体育管理活动	3.91	2.67	1.14%	1.69%
体育竞赛表演活动	7.16	3.42	2.09%	2.16%
体育健身休闲活动	25.45	11.14	7.43%	7.05%
体育场地和设施管理	27.27	11.41	7.96%	7.22%
体育经纪与代理、广告与会展、表演与设计服务	11.41	5.04	3.33%	3.19%
体育教育与培训	45.18	28.23	13.19%	17.86%
体育传媒与信息服务	7.33	3.56	2.14%	2.25%
其他体育服务	13.98	7.84	4.08%	4.96%
体育用品及相关产品制造	130.24	43.60	38.02%	27.58%
体育用品及相关产品销售、出租与贸易代理	59.47	37.64	17.36%	23.81%
体育场地设施建设	11.17	3.53	3.26%	2.23%
合计	342.57	158.08	100.00%	100.00%

数据来源：作者根据相关资料整理。

2）经济地理学是优化产业结构和揭示产业布局演变规律的科学

杨万钟在（1999）指出，经济地理学不仅是研究人类经济活动与地理环境相互关系的科学，而且是研究产业结构和产业布局演变规律的科学。[①]该研究界定首先是将人类经济活动与地理环境之间的“人-地关系”作为经济地理学研究基础领域，伴随着研究领域的拓展，经济地理学充分考量了经济领域的实际状况，将产业结构纳入研究的范围，形成了经济地理学是研究产业结构和产业布局的论断。这一论断的内涵在于充分考虑事物两个不同侧面，即产业结构和产业布局，因为有什么样的结构就会形成什么样的布局。

在社会经济活动领域，产业结构和产业布局之间相互关系的变化存在一定规律性。结合上述对经济地理学的界定，经济地理学就是研究产业结构和产业布局之间演变规律，主要研究任务就是对产业结构和产业

① 杨万忠. 经济地理学导论［M］. 上海：华东师范大学出版社，1999.

布局进行合理科学的调整与优化。杨万钟在（1999）在研究中指出，产业结构主要是指生产要素在各产业部门间的比例构成和它们之间相互依存、相互制约的联系。①

产业结构演变具有一定的规律性。英国经济学家克拉克认为，就业人口在一、二、三产业间比重变化是逐渐上升的，国民收入在一、二、三产业间比重变化也呈逐渐上升趋势。产业结构决定产业布局，产业布局的特征取决于产业结构的性质。产业布局是产业结构在空间维度的投影。地域禀赋、产业结构以及经济和社会发展状况是影响产业布局模式的关键要素。根据区域影响要素的状况选择产业布局模式是理论要求。产业布局模式是基于增长极模式、点轴开发模式以及网络开发模式理论而形成的“点-轴-网”布局模式。同时，作为地理空间分析处理与监控决策的计算机信息系统的地理信息系统（GIS）不仅是经济地理学基础的研究方法，而且是经济地理学的关键研究工具。

3）运用经济地理学理论与方法研究体育场馆建设惠民成效的必要性分析

体育场馆建设惠民成效是使体育场馆布局达到最优化状态时所获得的预期最佳效果。也就是说，当体育场馆布局达到最优状态时，体育场馆建设的惠民成效才能充分体现出来。因此，体育场馆布局状况的优化要通过经济地理学的理论与方法来解决。在本研究中，体育场馆建设可以认为是体育场馆布局。依据“体育场馆建设惠民成效是使体育场馆布局达到最优化状态时所获得的预期最佳效果”的论断，运用经济地理学的理论与方法来解决体育场馆建设惠民成效问题是非常契合的。

毕红星研究指出，网络布局的配置体系实际上是对体育场馆的区位选择与空间结构布局，使其在各自的区域发挥最大的效益，提高城市体育场馆的利用率，实现区域体育场馆资源协同互动发展，加快发展体育产业，促进体育消费。网络布局的配置体系研究不仅可以丰富我国体育场馆空间布局理论，而且也可以为公共体育服务体系的构建提供决策依据。 杨效勇、乔玉、张瑶等在研究中指出，大型体育场馆空间布局推

① 杨万忠．经济地理学导论［M］．上海：华东师范大学出版社，1999.

动城市空间结构优化，促进资源要素有序流动，加速体育及相关产业发展，满足人们多样化体育需求。潘熙文、付革通过调查分析得出包含5个维度（地理、社会、经济、本位以及其他）的10个影响因素（城区面积、城市人口密度、受教育程度为大专及以上人口数量、晨晚练站（点）每天相对稳定的活动人数、财政收入、城市绿地面积、城市建成区面积、年末公共交通车辆运营数、年末实有道路长度、城市化水平）。

4）运用经济地理学理论与方法研究体育场馆建设惠民成效的可行性分析

曾建明、王健在研究中提出优化体育场（馆）布局，结合城市发展规律与规划特点，加强体育场馆的空间地理学研究，提高体育场馆布局决策的科学性，加强与转变政府在体育场馆布局中的职能作用等。毕红星在研究中结合经济地理学的“点-轴系统”理论，分析城市公共体育设施建设布局的本质诉求，认为构建城市公共体育设施“点-轴系统”理论模式的关键是选择与确定发展轴，将城市内以交通线为主的基础设施束与之相对应的各级体育中心有机结合起来，使城市公共体育设施在区域范畴形成最佳的空间结构。同时，依据“点-轴系统”理论，结合大连市的建设布局情况，提出在不同等级的发展轴上合理布局市级与片区级公共体育设施中心的建议。

2 鲁辽津三届全运会体育场馆建设惠民成效的调查与跟踪分析

2.1 全运会体育场馆建设惠民成效评价对象的调查分析与理论基础

全运会体育场馆建设具有较为显著的惠民效应，是城市经济、社会、环境发展的重要内容。挖掘全运会体育场馆建设蕴含的深层意义，需重视全运会体育场建设“惠民成效”的评估。

相关统计资料显示，我国体育场地设施建设由2017年的增加值97.8亿元上升到2019年的212亿元，增加值占总产出的比重也由2017年的1.3%增长到2019年的1.9%。[①②]全运会体育场馆建设在全国体育场地设施建设中所占比重是非常大的。如何对全运会体育场馆“惠民成效”进行评价成为体育场馆建设研究的关键问题。

本章将第十一届全运会至第十三届全运会作为全运会体育场馆建设

① 2017年全国体育产业总规模与增加值数据公告［EB/OL］.［2019-01-16］.http://field.10jqka.com.cn/ 20190116/c609271909.shtml.

② 2019年全国体育产业总规模与增加值数据公告［EB/OL］.［2020-12-09］.http://www.stats.gov.cn/tjsj./zxfb/202012/t20201231_1811943.html.

“惠民成效”评估的研究对象，见表2-1。

表2-1 **全运会体育场馆建设惠民成效评估的研究对象**

序号	赛事名称	举办地点	举办时间（年）
1	第十一届全运会	山东省	2009
2	第十二届全运会	辽宁省	2013
3	第十三届全运会	天津市	2017

2.1.1 全运会体育场馆建设概况

1）第十一届全运会体育场馆建设概况

第十一届全运会设立28个夏奥会项目和4个冬季项目以及武术等项目，共计33个大项。全部赛事项目分布在山东省17个赛区（济南、青岛、淄博、潍坊、威海、临沂、滨州、泰安、枣庄、东营、济宁、莱芜、德州、聊城、菏泽、日照、烟台）举行。共有46个代表团的12 000名运动员参加，规模超过前十届全运会。[①]第十一届全运会共建设129个体育场馆，其中44个为新建，85个为改扩建，[②]见表2-2。

2）第十二届全运会体育场馆建设概况

第十二届运动会于2013年8月31日至2013年9月12日在辽宁省沈阳市举行，历时13天。本届全运会在辽宁省14个地市（沈阳市、大连市、鞍山市、抚顺市、本溪市、丹东市、锦州市、营口市、阜新市、辽阳市、盘锦市、铁岭市、朝阳市、葫芦岛市）均设有分赛区，共有9 000多名运动员参加，设31个大项、40个分项、350个小项。辽宁是继北京、上海、广东、江苏与山东后，第6个主办全运会的省份。承办第十二届运动会的117个场馆中，比赛场馆64个，训练场馆53个，新建场馆25个，低于中央要求的30%的比例[③]。25个新建场馆中，纯粹为全运会修建的只有10个。其余15个场馆，9个建在大学，6个建在盘锦和葫芦岛两市（见表2-3）。

① 佚名.11运综述：山东首登金牌榜首 伦敦奥运夺金点浮现［EB/OL］.［2009-09-15］. https：//baike. baidu. com/reference/9952099/d244UFtd2Z2REzn_vd5tZJqhSsa6T3WVeQh1Lzi5tKyz1p95K-j1rH71WEPDccEV cuRbWAxL8-4vf5iuosFL9enCWHtdHI0dCnv6Ow1k3gLeQ3Srnw.

② 佚名.十一届全运会开闭幕时间确定 场馆建设基本完工［EB/OL］.［2009-06-05］. http：//www.gov.cn/jrzg/2009-06/05/content_1333048.htm.

③ 佚名.第十二届全运会场馆设施建设情况新闻发布会［EB/OL］.［2013-08-09］. http：//www.scio.gov.cn/ztk/dtzt/2013/2013ngzhg/29920/29939/Document/1355943/1355943.htm.

表2-2

第十一届全运会主要体育场馆建设概况

序号	场馆名称	场馆所在地	场馆建筑面积（平方米）或场馆规格	承担比赛项目
1	济南奥体中心	济南市	体育场131 000、体育馆59 000、网球馆31 000、游泳跳水馆47 000	田径、体操、蹦床、网球、游泳、跳水
2	山东体育中心体育馆	济南市	14 349	男子篮球
3	历城区体育馆	济南市	15 515	摔跤
4	章丘区体育馆	济南市	13 986	男子排球、女子排球
5	济南市皇亭体育馆	济南市	9 000	举重
6	青岛市体育馆	青岛市	62 743	乒乓球、羽毛球
7	青岛市游泳跳水馆	青岛市	44 848	花样游泳
8	青岛市天泰体育场	青岛市	10 382	男子足球、女子足球
9	中国海洋大学体育馆	青岛市	21 520	女子篮球
10	日照水上运动基地	日照市	占地面积1.2平方千米	帆板、皮划艇、赛艇、激流回旋
11	滕州奥体中心	滕州市	体育场34 732、体育馆13 966	女子足球、跆拳道
12	滨州奥林匹克公园体育馆	滨州市	体育馆25 000、体育场300 000	柔道、武术套路

续表

序号	场馆名称	场馆所在地	场馆建筑面积（平方米）或场馆规格	承担比赛项目
13	中国石油大学东营校区体育馆	东营市	13 680	女子排球
14	烟台体育公园	烟台市	占地面积1.2平方千米	现代五项、女子篮球
15	威海荣成市文化体育中心	荣成市	88 600	女子足球
16	潍坊奥体中心体育场	潍坊市	78 000	女子足球
17	淄博市体育中心	淄博市	70 000	男子足球
18	德州市体育馆	德州市	47 586	艺术体操、男子篮球
19	聊城市体育馆	聊城市	16 854	男子篮球
20	泰安市泰山体育场	泰安市	25 000	男子足球
21	济南市莱芜区体育公园	济南市莱芜区	占地面积0.7平方千米	女子排球
22	临沂市体育馆	临沂市	16 800	女子篮球
23	济宁市体育馆	济宁市	15 000	男子篮球
24	菏泽市演武楼	菏泽市	18 698	武术散打

注：作者根据相关资料整理。

表2-3 **第十二届全运会主要体育场馆建设概况**

序号	场馆名称	场馆所在地	场馆建筑面积（平方米）或场馆规格	承担比赛项目
1	辽宁省体育局柏叶基地	沈阳市	116 000	射击、自行车
2	辽宁省体育局浑南基地	沈阳市	300 000	游泳、跳水、国际式摔跤
3	沈阳工业大学体育馆	沈阳市	13 470	举重
4	沈阳航空航天大学体育馆	沈阳市	15 900	击剑
5	辽宁大学体育馆	沈阳市	16 506	武术套路
6	沈阳体育学院白清寨基地	沈阳市	赛道全场4.5千米	山地自行车
7	沈阳农业大学体育馆、体育场	沈阳市	体育馆12 418、体育场11 541	跆拳道、七人制橄榄球
8	东北大学刘长春体育馆	沈阳市	11 000	艺术体操
9	沈阳大学体育馆	沈阳市	18 900	柔道
10	沈阳市棋盘山	沈阳市	小轮车运动场1 849	自行车、铁人三项
11	沈阳奥体中心体育场	沈阳市	140 000	田径
12	沈阳铁西体育馆、体育场	沈阳市	体育场35 000	篮球、足球
13	沈阳市苏家屯马术运动中心	沈阳市	10 000	马术

续表

序号	场馆名称	场馆所在地	场馆建筑面积（平方米）或场馆规格	承担比赛项目
14	沈阳医学院体育馆	沈阳市	12 970	篮球、排球
15	北熊高尔夫俱乐部	沈阳市	占地面积约700 000	高尔夫球
16	辽宁省航海运动学校水上运动场、垒球场、曲棍球场	大连市	水上运动场8 995、垒球场2 084、曲棍球39 000	赛艇、皮划艇、垒球、曲棍球
17	大连市体育中心体育场、网球场、游泳馆、体育馆	大连市	体育场120 000、体育馆83 000、游泳馆39 000、网球场34 000	足球、网球、花样游泳、体操
18	大连市金州新区体育场	大连市	体育场19 426、棒球场4 126	足球、棒球
19	大连市金石国际运动中心	大连市	18 000	激流回旋
20	大连瓦房店西杨乡将军石港	大连市	40 212	帆板
21	大连市游泳馆	大连市	25 000	现代五项
22	大连市新骑警基地	大连市	16 000	现代五项
23	鞍山奥体中心	鞍山市	体育场53 300、体育馆20 500、游泳馆15 500、速滑馆15 600	水球、乒乓球、足球、手球

续表

序号	场馆名称	场馆所在地	场馆建筑面积（平方米）或场馆规格	承担比赛项目
24	抚顺市浑河水域	抚顺市	比赛水域面积750 000平方米	公开水域游泳
25	本溪市体育馆	本溪市	30 000	篮球
26	丹东市体育中心体育馆	丹东市	13 000	篮球
27	锦州滨海体育中心体育馆	锦州市	16 000	拳击、羽毛球
28	营口奥体中心体育馆	营口市	18 553	篮球
29	阜新市体育馆	阜新市	2 500	篮球
30	辽阳市体育馆	辽阳市	15 675	武术散打
31	铁岭师范高等专科学校体育馆	铁岭市	14 847	排球
32	朝阳市体育馆	朝阳市	15 800	排球
33	盘锦市奥体中心体育场、体育馆	盘锦市	体育场60 570、体育馆6 700	足球、排球
34	葫芦岛奥体中心体育场、体育馆	葫芦岛市	体育场58 000、体育馆19 700	足球、蹦床

注：作者根据相关资料整理。

3）第十三届全运会体育场馆建设概况

第十三届运动会于2017年8月28日到9月8日在天津市举行。继江苏省、山东省与辽宁省举办全运会后，天津市是第4个主办全运会的省份。本届全运会比赛设31个大项、42个分项、341个小项。第十三届全运会新建场馆21个，改造场馆15个，利用现有场馆11个，易地使用场馆2个，14个场馆建设在高校（见表2-4）。

2.1.2 鲁辽津三届全运会体育场馆建设惠民成效分析的理论基础

1992年，Hall对突发事件所带来的综合影响进行了研究。在他的研究框架中，从社会和文化、自然和外界环境、政治、旅游和经济四个方面对突发事件给举办地可能带来的积极和消极影响进行了阐述。[①]Hall的研究具有一定的代表性，除此之外，Home（2004）等国外的研究者都对大型赛事所产生的影响进行了研究。国内学者姚颂平（2003）、易剑东（2005）、叶庆晖（2003）、戚拥军（2006）、王志宇（2005）、任海（2006）、董杰（2001）、黄海燕（2009）、田静（2011）、王智慧（2012）等对赛事带来的影响进行了研究。国外学者从经济、城市发展、旅游、城市印象等层面来阐释赛事所产生的综合影响；国内学者则更多关注赛事对政治、文化、社会等方面的影响。

在国外赛事影响评估中，大多数研究者采用的是三重底线评估方法。1997年，Getz在专著中提出从经济、社会、环境的角度对体育赛事产生的影响进行研究。[②]三重底线的概念是1998年由英国Sustain Ability公司的总裁Elkington提出的，其认为企业的发展和价值的体现与经济发展、环境保护、社会责任息息相关。[③]三重底线评估体系是建立

① HALL，COLIN M. Hallmark Tourist Events— Impacts Management and Planning［M］. London：Belhaven Press，1992.

② GETZ D. Event Management & Event Tourism［M］. New York：Cognizant Communication Corporation，1997.

③ 宋荆，顾平，席娜利. 企业可持续发展“三重盈余”绩效评价研究［J］. 华东经济管理，2006（9）：21-24.

表2-4 **第十三届全运会主要体育场馆建设概况**

序号	场馆名称	场馆所在地	场馆建筑面积（平方米）或场馆规格	承担比赛项目
1	河南省宜阳县凤凰岭射击射箭基地	河南省宜阳县	5 000	射击（飞碟）
2	河南省宜阳县国家皮划艇激流回旋训练基地	河南省宜阳县	国际标准赛道，长410米，宽20米，落差4.5米，水流量每秒25立方米	皮划艇（激流回旋）
3	环亚马球公园	天津市西青区	334 464	马术、现代五项（马术、跑射联项）
4	静海区团泊体育大道	天津市静海区	—	公路自行车
5	天津体育中心小轮车场、自行车馆、棒球场、射箭场、射击馆、曲棍球场、垒球场、足球场、橄榄球场	天津市静海区	小轮车场13 000、自行车馆28 200、棒球场26 390、射箭场48 000、射击馆37 996、曲棍球场4 751、垒球场10 285、足球场21 000、橄榄球场56 502	小轮车、场地自行车、棒球、射箭、射击、曲棍球、垒球、足球、橄榄球
6	宝坻体育馆	天津市宝坻区	11 738	拳击
7	中国民航大学体育馆	天津市东丽区	12 000	柔道

续表

序号	场馆名称	场馆所在地	场馆建筑面积（平方米）或场馆规格	承担比赛项目
8	天津中医药大学体育馆	天津市静海区	17 010	篮球
9	天津财经大学体育馆	天津市河西区	15 000	篮球
10	东丽体育馆	天津市东丽区	33 700	篮球
11	海河春意桥至海河桥河段	—	—	皮划艇、赛艇
12	天津体育馆	天津市南开区	50 000	羽毛球
13	武清区马拉松赛道	天津市西北部	—	马拉松
14	天津工业大学游泳馆、体育馆	天津市西青区	游泳馆 12 760、体育馆 18 818	现代五项（游泳）、击剑、现代五项（击剑）
15	团泊足球场	天津市静海区	57 000	足球

续表

序号	场馆名称	场馆所在地	场馆建筑面积（平方米）或场馆规格	承担比赛项目
16	天津奥林匹克中心体育场	天津市南开区	158 000	田径
17	天津海河教育园体育中心游泳馆	天津市津南区	12 000	水球
18	武清南湖公园	天津市武清城区	水面面积2 745亩	铁人三项、10千米马拉松游泳
19	天津奥林匹克中心游泳跳水馆	天津市南开区	37 002	游泳、跳水、花样游泳
20	天津海河教育园体育中心体育场	天津市津南区	35 000	足球
21	海河教育园体育中心体育馆	天津市津南区	71 000	体操
22	天津城建大学体育场	天津市西青区	14 800	足球
23	天津体育学院体育场	天津市静海区	11 436	足球

续表

序号	场馆名称	场馆所在地	场馆建筑面积（平方米）或场馆规格	承担比赛项目
24	天津科技大学体育馆	天津经济技术开发区	16 500	蹦床
25	天津农学院体育馆	天津市西青区	15 899	武术（散打）
26	滨海新区东疆湾景区	天津港东疆港区	总面积约2.46平方千米	帆船、帆板
27	天津师范大学体育馆	天津市西青区	13 110	手球
28	武清体育中心体育馆	天津市武清新区	46 265	乒乓球
29	天津商业大学体育馆	天津市北辰区	12 837	跆拳道
30	天津网球中心	天津市南开区	5 400	网球
31	南开区水上公园东路	天津市南开区	—	田径（20千米竞走、50千米竞走）

续表

序号	场馆名称	场馆所在地	场馆建筑面积（平方米）或场馆规格	承担比赛项目
32	天津市人民体育馆	天津市和平区	15 700	排球
33	天津城建大学体育馆	天津市西青区	14 800	排球
34	天津职业技术师范大学体育馆	天津市河西区	16 400	国际式摔跤
35	天津体育学院体育馆	天津市静海区	14 110	艺术体操
36	蓟州盘山高尔夫球会	天津市蓟州区	球场规模为36洞	高尔夫球
37	天津滨海新区大港体育馆	天津市滨海新区	8 826	举重
38	天津理工大学体育馆	天津市西青区	17 100	武术（套路）

注：（1）作者根据相关资料整理；（2）表中“—”代表由于比赛项目的特殊性决定的场地建筑面积或场地规格无法获取官方统计数据。

在可持续发展理论之上的。基于可持续发展理论，企业以经济价值为核心的价值观向以经济、社会、生态为中心的多重价值观转变，即三重底线评估框架是企业多重价值观评估体系可持续发展理论的深刻体现。体育赛事举办给城市带来经济效益的同时，也要承担社会和环境的责任。

综上所述，三重底线评估是进行全运会体育场馆建设惠民成效分析的有效途径，也是进行全运会体育场馆建设惠民成效评估的理论基础。本章对全运会体育场馆设施建设带来的惠民效应的分析采用三重底线评估的方法，即从经济、社会、环境三个层角度来观测全运会体育场馆建设所带来的惠民效应。

2.2 建立鲁辽津三届全运会体育场馆建设惠民成效评估的框架体系和指标体系

2.2.1 建立全运会体育场馆建设惠民成效评估的框架体系

1）文献分析

基于三重底线评估理论，通过内容分析法对相关文献进行类别划分和统计整理，初步勾勒出全运会体育场馆建设惠民成效的影响框架。内容分析法是一种对信息所呈现的特征加以系统化与客观化的推论技巧（Holsti，2000）。[①]内容分析法被广泛运用于社会科学研究。首先，在中国期刊网（CNKI）中，以主题词“赛事评估”检索文献338篇。从论文类型来看（见图2-1），期刊论文231篇，占论文总数的68%；学位论文68篇，占论文总数的20%；会议论文33篇，占论文总数的10%；其他6篇，占论文总数的2%。论文时间分布状况如图2-2所示。

① 李本乾. 描述传播内容特征检验传播研究假设：内容分析法简介（下）[J]. 当代传播，2000（1）：47-49.

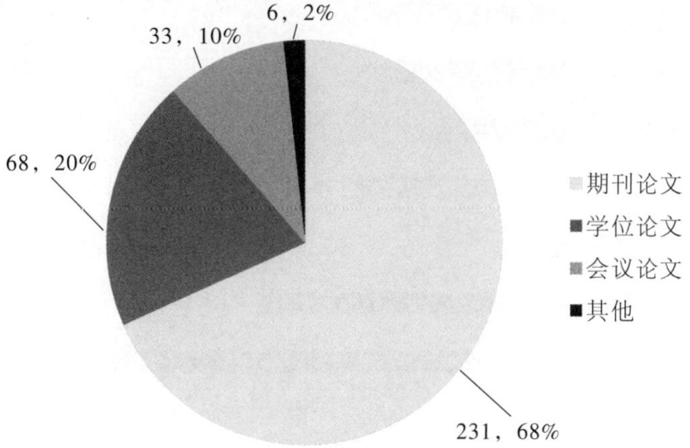

图2-1　文献的类型分布状况

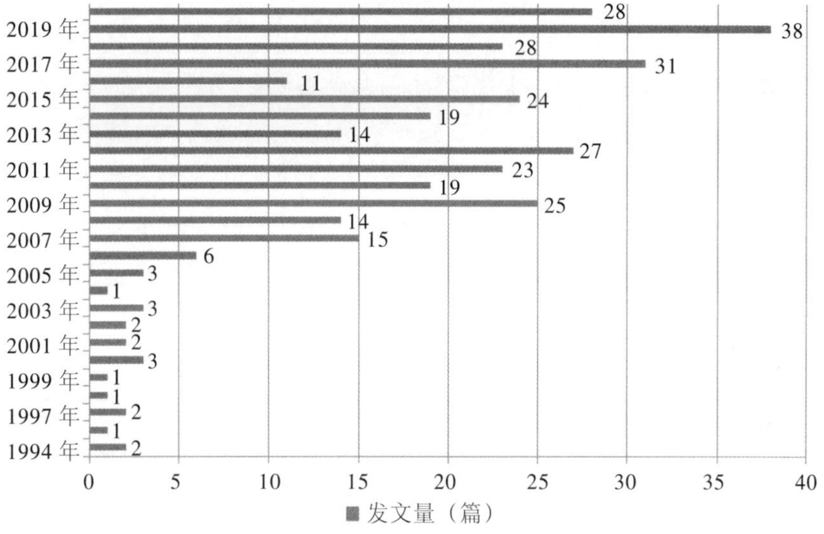

图2-2　文献的时间分布状况

图2-3可以看出，被分析的338篇文献中，经济影响方面的数量最多，占总论文数的30.2%；社会影响方面的数量排列在第二，占总论文数的20.4%；分布在环境影响方面的文献数量最少，仅为6篇。这说明体育赛事对环境的影响尚未引起研究者的关注，当前体育赛事的影响维度基本上在经济和社会层面。

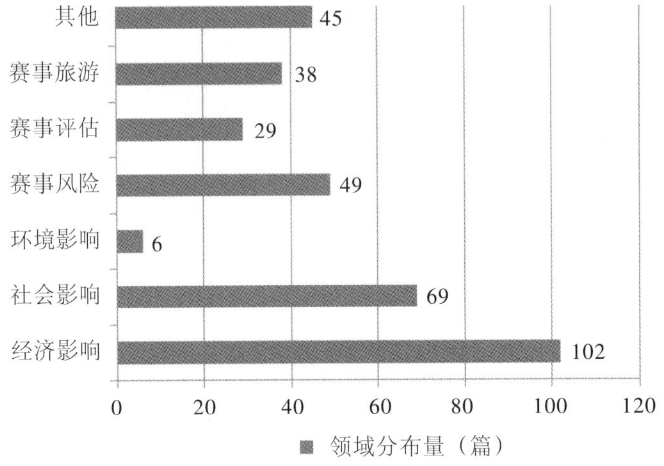

图2-3 文献研究领域分布状况

2）评估指标筛选

经过对文献的分析，得到123个涉及体育赛事产生影响的指标，后续经过归纳整理、合并归类等步骤确定38个能够涵盖体育赛事影响的指标。体育赛事的评估和全运会体育场馆建设的惠民成效评估不是完全一致的，全运会体育场馆建设的惠民成效评估是体育赛事评估的“子集”，结合全运会体育场馆建设的特殊性，最终将影响全运会体育场馆建设惠民的指标缩减为26个（见表2-5）。

表2-5 **全运会体育场馆建设惠民成效评估的框架体系**

一级指标	二级指标	三级指标
经济效应	拉动投资	体育产业投资
		基础设施投资
		全社会固定资产投资
	带动消费	体育支出占财政支出比重
		健身用品及服务类支出
		交通及通信类支出
	产业波及效应	体育旅游业增加值占GDP比重
		餐饮和住宿业增加值占GDP比重

续表

一级指标	二级指标	三级指标
经济效应	产业波及效应	交通运输业增加值占GDP比重
	产业结构优化	体育产业占GDP比重
		第三产业增加值占GDP比重
社会效应	健身活动丰富	人均场馆拥有率
		人均场馆使用率
		年度晨晚练站点数
	就业	体育场馆从业人数
		第三产业就业人数占总就业人数的比重
	收入	居民人均纯收入
		城镇居民人均可支配收入
		地方财政收入
	社会稳定	刑事案件发生率
		聚众赌博发生率
	体质水平提高	年度国民体质健康测试达标率
环境效应	创造宜居城市	城市绿地面积
		体育公园数量
	提升城市形象	体育旅游人数
		体育场馆投资金额

3）信度检验

文献分析的结果只有经过信度检验后才能保证达到可靠性和客观性的要求。通常信度检验的计算数值达到0.80以上，理论上才可以通过信度检验。计算信度检验值的公式包括：

$$(CR) = N \times A / \{1 + (N - 1) \times A\} \quad (1)$$

$$A = 2M / (N_1 + N_2) \quad (2)$$

其中，N为分析文献的次数；A为平均一致度；M为两次分析相同判断的数量；N_1为第一次分析文献的数量；N_2为第二次分析文献的数量。文献结果的信度检验结果计算过程如下：N_1=80，N_2=84，M=75。

$$A = 2 \times \frac{75}{80 + 84} = 0.91$$

$$CR = 2 \times 0.91/\{1 + [2 - 1] \times 0.91\} = 0.95$$

信度检验数值为0.95，说明上述文献分结果可靠且客观。

2.2.2 构建全运会体育场馆建设惠民成效评估的指标体系

本章采用德尔菲法构建全运会体育场馆建设惠民成效评估的指标体系。德尔菲法是专家会议预测法的一种发展，是以匿名方式，用调查表函询专家的意见。[①]德尔菲法被广泛运用到军事、机械工业、市场及经营预测等领域，成为一种规划决策的重要工具。德尔菲法在对专家意见进行预测的过程中，通常情况下进行2~4轮调查，上一轮调查的结果是下一轮预测的基础，最终专家以概率估价的方式将未来出现的各种可能性呈现给决策者，从而形成评估指标体系。德尔菲法是一种较为成熟的定量化评价方法。

1）专家调查问卷

利用三重绩效评估理论体系，从经济、社会、环境三个维度对338篇文献进行分析，进而得出全运会体育场馆建设惠民成效的框架体系。表2-6、表2-7、表2-8分别是一级、二级、三级指标专家评价表。

表2-6　**一级指标专家评价表**

指标	重要性					可操作性					匹配性				
	很好	较好	一般	较差	很差	很好	较好	一般	较差	很差	很好	较好	一般	较差	很差
1.经济影响															
2.社会影响															
3.环境影响															

① 黄海燕. 体育赛事综合影响的事前评估研究［D］. 上海：上海体育学院，2009.

表2-7 **二级指标专家评价表**

指标	重要性					可操作性					匹配性				
	很好	较好	一般	较差	很差	很好	较好	一般	较差	很差	很好	较好	一般	较差	很差
1.拉动投资															
2.带动消费															
3.产业波及效应															
4.产业结构优化															
5.健身活动丰富															
6.就业															
7.收入															
8.社会稳定															
9.体质水平提高															
10.创造宜居城市															
11.提升城市形象															

表2-8 三级指标专家评价表

指标	重要性					可操作性					匹配性				
	很好	较好	一般	较差	很差	很好	较好	一般	较差	很差	很好	较好	一般	较差	很差
1.新建、改（扩）建体育场地投资															
2.交通运输仓储和邮政业固定资产投资															
3.全社会固定资产投资															
4.城镇居民人均消费支出															
5.城镇居民人均可支配收入															
6.居民消费价格指数															
7.房地产业增加值															
8.餐饮和住宿业增加值															
9.交通运输、仓储和邮政业增加值															

续表

指标	重要性					可操作性					匹配性				
	很好	较好	一般	较差	很差	很好	较好	一般	较差	很差	很好	较好	一般	较差	很差
10. 体育场馆收入占体育事业资金收入比重															
11. 第三产业增加值占GDP比重															
12. 人均场馆拥有率															
13. 各技术等级社会体育指导员															
14. 各级别体育社会团体															
15. 体育场馆从业人数															
16. 城镇单位就业人数															
17. 城镇居民消费水平															
18. 城镇单位就业人员工资总额															

续表

指标	重要性					可操作性					匹配性				
	很好	较好	一般	较差	很差	很好	较好	一般	较差	很差	很好	较好	一般	较差	很差
19. 一般公共预算收入															
20. 城镇居民基本医疗保险年末参保人数															
21. 年末领取失业保险金人数															
22. 年度接受国民体质测试人数															
23. 城市绿地面积															
24. 全民健身活动中心数量															
25. 接待国际游客数量															
26. 建筑业增加值															

2）专家的确定

按照德尔菲法评估的具体要求，从全运会体育场馆建设的研究领域、体育场馆建设运营的事务领域、体育场馆建设的管理维护领域三个方面出发，筛选并确定21位专家作为本书德尔菲法咨询的专家。

3）信度检验

从表2-9、表2-10、表2-11可以看出，经过对专家咨询表回收率、专家权威系数、专家咨询协调系数的统计分析，可以得出专家咨询积极程度、专家咨询权威程度、专家咨询意见协调程度均符合德尔菲法的评价内容要求。通常情况下，权威系数值在0.80以上，说明专家权威程度较高；协调系数经检验后显著性明显（即$P<0.05$），说明专家评估的可信度较高。

表2-9 专家咨询表回收率情况

发放问卷数量	回收问卷数量	问卷回收率（%）
16	15	93.8
16	13	81.3

表2-10 专家权威系数得分算术值计算结果

	判断系数	熟悉系数	权威系数
经济影响	0.85	0.91	0.88
社会影响	0.81	0.88	0.85
环境影响	0.81	0.79	0.80

注：数据来自公式的计算（专家权威程度=（判断系数+熟悉系数）/2）。从专家的理论、实践、行业了解以及预测四个方面，分别以高、中、低三个维度赋值1、0.8、0.6的方式，得出专家的判断值。以划分等级与对应赋值的形式将专家熟悉程度定义如下：非常了解（0.9）、了解（0.7）、较了解（0.5）、一般（0.3）、不了解（0.1）、很不了解（0.0），用来反映专家熟悉程度。

表2-11 专家咨询协调系数

	理论性		实践性		发展性	
	协调系数	X_R^2	协调系数	X_R^2	协调系数	X_R^2
经济影响	0.30	68.54*	0.23	50.16*	0.35	42.45*
社会影响	0.23	28.68*	0.15	34.40*	0.29	60.55*
环境影响	0.27	60.44*	0.41	78.96*	0.36	43.64*

注：*代表$P<0.05$。

4）三级指标的权重确定

本章采用主观赋权法进行多级指标的权重系数确定。在主观赋权的过程中主要是以模糊评价的方式来进行。在前述专家评价指标的理论性、实践性、发展性的判断基础上，以100分为总体标准衡量，得出这三项的分值为45.19分、36.74分、18.07分，将此得分作为这三项的权重值，即0.4519、0.3674、0.1807。最终将此权重值作为模糊评价法中确定多级指标权重系数的隶属度。

在模糊评价过程中，计算多级指标权重值的公式如下：

$$Y_i = K \times W_i \times R_{ij} \times V_i$$

式中：Y_i为多级指标的评价分值；

K为逻辑常数；

W_i为模糊评价中的隶属度；

R_{ij}为专家对各级指标的评价矩阵；

V_i为评分的等级赋分。

根据计算出的多级指标的评价分值，利用如下公式可以推算出各级指标的权重值：

$$P_i = Y_i / \sum Y_i$$

经过公式推算得出全运会体育场馆建设惠民成效评估各级指标的评级分值和权重系数（见表2-12）。

表2-12 **鲁辽津三届全运会体育场馆建设惠民成效评估的各级指标评级分值和权重系数**

序号	各级指标	评级分值	权重系数
1	1 经济效应	7.6561	0.3475
2	1.1 拉动投资	7.3259	0.0902
3	1.1.1 新建、改（扩）建体育场地投资	6.8956	0.0309
4	1.1.2 交通运输仓储和邮政业固定资产投资（不含农户）	6.6357	0.0298
5	1.1.3 全社会固定资产投资	6.5681	0.0295
6	1.2 带动消费	7.3214	0.0901
7	1.2.1 城镇居民人均消费支出	6.3211	0.0302
8	1.2.2 城镇居民人均可支配收入	6.4001	0.0306
9	1.2.3 居民消费价格指数（上年=100）	6.1208	0.0293
10	1.3 产业波及效应	6.9878	0.0860
11	1.3.1 房地产业增加值	6.2345	0.0288
12	1.3.2 餐饮和住宿业增加值	6.3998	0.0296
13	1.3.3 交通运输、仓储和邮政业增加值	5.9632	0.0276
14	1.4 产业结构优化	6.5899	0.0811
15	1.4.1 体育场馆收入占体育事业资金收入比重	6.1122	0.0396
16	1.4.2 第三产业增加值占 GDP 比重	6.3907	0.0415
17	2 社会效应	7.4200	0.3368
18	2.1 健身活动丰富	6.9862	0.0741
19	2.1.1 人均场馆拥有率	6.1057	0.0246
20	2.1.2 各技术等级社会体育指导员	5.9921	0.0242
21	2.1.3 各级别体育社会团体	6.2578	0.0253
22	2.2 就业	6.0025	0.0637
23	2.2.1 体育场馆从业人数	6.1245	0.0313

续表

序号	各级指标	评级分值	权重系数
24	2.2.2 城镇单位就业人数	6.3298	0.0324
25	2.3 收入	6.1961	0.0657
26	2.3.1 城镇居民消费水平	6.3521	0.0225
27	2.3.2 城镇单位就业人员工资总额	6.0124	0.0213
28	2.3.3 一般公共预算收入	6.2247	0.0220
29	2.4 社会稳定	5.9877	0.0635
30	2.4.1 城镇居民基本医疗保险年末参保人数	6.0021	0.0311
31	2.4.2 年末领取失业保险金人数	6.2359	0.0324
32	2.5 体质水平提高	6.5871	0.0699
33	2.5.1 年度接受国民体质测试人数	6.3587	0.0699
34	3 环境效应	6.9532	0.3156
35	3.1 创造宜居城市	6.5608	0.1647
36	3.1.1 城市绿地面积	6.1256	0.0806
37	3.1.2 全民健身活动中心数量	6.3859	0.0841
38	3.2 提升城市形象	6.0128	0.1509
39	3.2.1 接待国际游客	5.5689	0.0713
40	3.2.2 建筑业增加值	6.2108	0.0796

2.3 鲁辽津三届全运会体育场馆建设惠民成效评估

2.3.1 评价体系确定

评价体系包括经济效应（35分）、社会效应（33分）、环境效应（32分）三个层面。其中，经济效应是指全运会体育场馆建设所产生的对投资、消费、相关产业等方面影响，其二级指标包括拉动投资、带动消费、产业波及效应、产业结构优化，占比为35%；社会效应是指全运会体育场馆建设所产生的对就业、收入、社会稳定以及全民健康等方面的影响，其二级指标包括健身活动丰富、就业、收入、社会稳定、体质水平提高，占比33%；环境效应是指全运会体育场馆建设所产生的对城市发展等方面的影响，其二级指标包括创造宜居城市、提升城市形象，占比32%。本章以上述评价体系为依据（见表2-13），结合全运会体育场馆建设的具体情况对惠民成效展开评价。

表2-13　**鲁辽津三届全运会体育场馆建设惠民成效评估指标体系**

一级指标	二级指标	三级指标	指标解释	评分标准
经济效应（35分）	拉动投资（9分）	新建、改（扩）建体育场地投资（3分）	考察鲁辽津三届全运会新建、改（扩）建体育场地投资情况	（1）体育场地投资60 000万（含）~90 000万元得3分； （2）体育场地投资30 000万~60 000万元得2分； （3）体育场地投资10 000万~30 000万元（含）得1分
		交通运输仓储和邮政业固定资产投资（不含农户）（3分）	考察鲁辽津三届全运会交通运输仓储和邮政业固定资产投资情况	（1）交通运输仓储和邮政业固定资产投资1 500亿元及以上得3分； （2）交通运输仓储和邮政业固定资产投资1 000亿~1 500亿元得2分； （3）交通运输仓储和邮政业固定资产投资500亿~1 000亿元（含）得1分
		全社会固定资产投资（3分）	考察鲁辽津三届全运会全社会固定资产投资情况	（1）全社会固定资产投资25 000亿元及以上得3分； （2）全社会固定资产投资15 000亿~25 000亿元得2分； （3）全社会固定资产投资15 000亿元及以下得1分

续表

一级指标	二级指标	三级指标	指标解释	评分标准
经济效应（35分）	带动消费（9分）	城镇居民人均消费支出（3分）	考察鲁辽津三届全运会城镇居民人均消费支出情况	（1）城镇居民人均消费支出25 000元及以上得3分；（2）城镇居民人均消费支出15 000~25 000元得2分；（3）城镇居民人均消费支出15 000元及以下得1分
		城镇居民人均可支配收入（3分）	考察鲁辽津三届全运会城镇居民人均可支配收入情况	（1）城镇居民人均可支配收入40 000元及以上得3分；（2）城镇居民人均可支配收入20 000~40 000元得2分；（3）城镇居民人均可支配收入20 000元及以下得1分
		居民消费价格指数（上年=100）（3分）	考察鲁辽津三届全运会居民消费情况	（1）居民消费价格指数102.30及以上得3分；（2）居民消费价格指数100（含）~102.30得2分；（3）居民消费价格指数低于100得1分
	产业波及效应（9分）	房地产业增加值（3分）	考察鲁辽津三届全运会房地产业增加值情况	（1）房地产业增加值1 200亿元及以上得3分；（2）房地产业增加值1 000亿~1 200亿元得2分；（3）房地产业增加值1 000亿元及以下得1分
		餐饮和住宿业增加值（3分）	考察鲁辽津三届全运会餐饮和住宿业增加值情况	（1）餐饮和住宿业增加值550亿元及以上得3分；（2）餐饮和住宿业增加值500亿~550亿元得2分；（3）餐饮和住宿业增加值500亿元及以下得1分

续表

一级指标	二级指标	三级指标	指标解释	评分标准
经济效应（35分）	产业波及效应（9分）	交通运输、仓储和邮政业增加值（3分）	考察鲁辽津三届全运会交通运输、仓储和邮政业增加值情况	（1）交通运输、仓储和邮政业增加值1 500亿元及以上得3分；（2）交通运输、仓储和邮政业增加值1 000亿~1 500亿元得2分；（3）交通运输、仓储和邮政业增加值1 000亿元及以下得1分
	产业结构优化（8分）	体育场馆收入占体育事业资金收入比重（4分）	考察鲁辽津三届全运会体育场馆收入占体育事业资金收入比重情况	（1）体育场馆收入占体育事业资金收入比重为15%~20%得4分；（2）体育场馆收入占体育事业资金收入比重为10%~15%（含）得3分；（3）体育场馆收入占体育事业资金收入比重为5%~10%（含）得2分；（4）体育场馆收入占体育事业资金收入比重为5%及以下得1分
		第三产业增加值占GDP比重（4分）	考察鲁辽津三届全运会第三产业增加值占GDP比重情况	（1）第三产业增加值占GDP比重为75%~100%得4分；（2）第三产业增加值占GDP比重为50%~75%（含）得3分；（3）第三产业增加值占GDP比重为25%~50%（含）得2分
社会效应（33分）	健身活动丰富（7分）	人均场馆拥有率（2分）	考察鲁辽津三届全运会人均场馆拥有率情况	（1）人均场馆拥有率为1.0及以上得2分；（2）人均场馆拥有率为1.0以下得1分
		各技术等级社会体育指导员（2分）	考察鲁辽津三届全运会社会体育指导员情况	（1）社会体育指导员10 000人及以上得2分；（2）社会体育指导员10 000人以下得1分

续表

一级指标	二级指标	三级指标	指标解释	评分标准
社会效应（33分）	健身活动丰富（7分）	各级别体育社会团体数量（3分）	考察鲁辽津三届全运会体育社会团体情况	（1）体育社会团体1 000个及以上得3分；（2）体育社会团体500~1 000个得2分；（3）体育社会团体500个及以下得1分
	就业（6分）	体育场馆从业人数（3分）	考察鲁辽津三届全运会体育场馆从业人数情况	（1）体育场馆从业人数600（含）~1 000人得3分；（2）体育场馆从业人数300~600人（含）得2分；（3）体育场馆从业人数300人及以下得1分
		城镇单位就业人数（3分）	考察鲁辽津三届全运会城镇单位就业人数情况	（1）城镇单位就业人数600万~1 000万人得3分；（2）城镇单位就业人数300万~600万人（含）得2分；（3）城镇单位就业人数300万人及以下得1分
	收入（7分）	城镇居民消费水平（2分）	考察鲁辽津三届全运会城镇居民消费水平情况	（1）城镇居民消费水平20 000元及以上得2分；（2）城镇居民消费水平20 000元以下得1分
		城镇单位就业人员工资总额（2分）	考察鲁辽津三届全运会城镇单位就业人员工资总额情况	（1）城镇单位就业人员工资总额3 000亿元及以上得2分；（2）城镇单位就业人员工资总额3 000亿元以下得1分
		一般公共预算收入（2分）	考察鲁辽津三届全运会一般公共预算收入情况	（1）一般公共预算收入3 000亿元及以下得2分；（2）一般公共预算收入3 000亿元以下得1分

续表

一级指标	二级指标	三级指标	指标解释	评分标准
社会效应（33分）	社会稳定（6分）	城镇居民基本医疗保险年末参保人数（3分）	考察鲁辽津三届全运会城镇居民基本医疗保险年末参保人数情况	（1）城镇居民基本医疗保险年末参保800万人及以上得3分；（2）城镇居民基本医疗保险年末参保500~800万人得2分；（3）城镇居民基本医疗保险年末参保500万人及以下得1分
		年末领取失业保险金人数（3分）	考察鲁辽津三届全运会年末领取失业保险金人数情况	（1）年末领取失业保险金20万人及以上得3分；（2）年末领取失业保险金10万~20万人得2分；（3）年末领取失业保险金10万人及以下得1分
	体质水平提高（7分）	年度接受国民体质测试人数（7分）	考察鲁辽津三届全运会国民体质测试开展情况	（1）年度接受国民体质测试250 000（含）~300 000人得6分；（2）年度接受国民体质测试200 000（含）~250 000人得5分；（3）年度接受国民体质测试150 000（含）~200 000人得4分；（4）年度接受国民体质测试100 000（含）~150 000人得3分；（5）年度接受国民体质测试50 000~100 000人得2分；（6）年度接受国民体质测试50 000人及以下得1分
环境效应（32分）	创造宜居城市（17分）	城市绿地面积（8分）	考察鲁辽津三届全运会城市绿地建设情况	（1）城市绿地面积10万（含）~15万公顷得3分；（2）城市绿地面积5万~10万公顷得2分；（3）城市绿地面积5万公顷及以下得1分

续表

一级指标	二级指标	三级指标	指标解释	评分标准
环境效应（32分）	创造宜居城市（17分）	全民健身活动中心数量（9分）	考察鲁辽津三届全运会全民健身活动中心数量情况	（1）全民健身活动中心数量为1 600（含）~1 800个得8分； （2）全民健身活动中心数量为1 400（含）~1 600个得7分； （3）全民健身活动中心数量为1 000（含）~1 400个得6分； （4）全民健身活动中心数量为800（含）~1 000个得5分； （5）全民健身活动中心数量为600（含）~800个得4分； （6）全民健身活动中心数量为400（含）~600个得3分； （7）全民健身活动中心数量为200~400个得2分； （8）全民健身活动中心数量为200个及以下得1分
	提升城市形象（15分）	接待国际游客（7分）	考察鲁辽津三届全运会接待国际游客情况	（1）接待国际游客3百万（含）~4百万人次得4分； （2）接待国际游客2百万（含）~3百万人次得3分； （3）接待国际游客1百万~2百万人次得2分； （4）接待国际游客1百万人次及以下得1分
		建筑业增加值（8分）	考察鲁辽津三届全运会与体育场馆建设密切相关的建筑业增加值情况	（1）建筑业增加值1 500亿（含）~1 800亿元得6分； （2）建筑业增加值1 200亿（含）~1 500亿元得5分； （3）建筑业增加值900亿（含）~1 200亿元得4分； （4）建筑业增加值600亿（含）~900亿元得3分； （5）建筑业增加值300亿~600亿元得2分； （6）建筑业增加值300亿元及以下得1分

注：根据表2-12整理得出。

2.3.2 评价内容分析

1）经济效应

鲁辽津三届全运会体育场馆建设经济效应评价赋分为35分，在整个评价体系中占比为35%。其中包括拉动投资（9分）、带动消费（9分）、产业波及效应（9分）、产业结构优化（8分）二级指标，并通过这四个二级指标对鲁辽津三届全运会体育场馆建设经济效应进行量化评价。

依据鲁辽津三届全运会体育场馆建设惠民效应评估指标体系的赋分标准，经过核算得出：根据表2-14，鲁辽津三届全运会体育场馆建设惠民成效评估中经济效应排在首位的是举办第十二届全运会的辽宁省，分值为27分；其次为举办第十一届全运会的山东省和举办第十三届全运会的天津市并列第二位，分值均为21分。

从宏观层面来观测，鲁辽津三届全运会体育场馆建设均表现出较为显著的经济影响作用，主要体现在以下四个方面：第一，鲁辽津三届全运会体育场馆建设对举办地具有明显的拉动投资作用。辽宁省作为第十二届全运会举办地在拉动投资方面表现最为突出，得分为8分。天津市举办第十三届全运会在拉动投资方面表现稍逊一筹，得分仅为3分。第二，鲁辽津三届全运会体育场馆建设对举办地拉动消费起到明显的作用。天津市在拉动消费方面效果最为突出，得分为8分。山东省的拉动消费作用效果较差，仅得3分。第三，鲁辽津三届全运会体育场馆建设所产生的产业波及效应较为明显。山东省举办第十一届全运会产生的企业波及效应最为强烈，为9分。而天津市产生的企业波及效应较为平淡，得分仅为3分。第四，鲁辽津三届全运会体育场馆建设对产业结构优化的促进作用较为强劲。天津市和辽宁省体育场馆建设对产业结构优化的作用较为显著，得分分别为7分和6分。相比之下，山东省相对较差，得分为3分。

（1）拉动投资

拉动投资主要分为新建、改（扩）建体育场地投资、交通运输仓储和邮政业固定资产投资、全社会固定资产投资，其中，新建、改（扩）

表2-14　鲁辽津三届全运会体育场馆建设惠民效应评估指标体系得分明细

一级指标	一级指标得分			二级指标	二级指标得分			三级指标	三级指标得分		
	山东	辽宁	天津		山东	辽宁	天津		山东	辽宁	天津
经济效应	21	27	21	拉动投资	6	8	3	新建、改（扩）建体育场地投资	3	2	1
								交通、运输、仓储和邮政业固定资产投资（不含农户）	1	3	1
								全社会固定资产投资	2	3	1
				带动消费	3	7	8	城镇居民人均消费支出	1	2	3
								城镇居民人均可支配收入	1	2	3
								居民消费价格指数（上年=100）	1	3	2
				产业波及效应	9	6	3	房地产业增加值	3	2	1
								餐饮和住宿业增加值	3	2	1
								交通运输、仓储和邮政业增加值	3	2	1
				产业结构优化	3	6	7	体育场馆收入占体育事业资金收入比重	1	4	4
								第三产业增加值占GDP比重	2	2	3

续表

一级指标	一级指标得分			二级指标	二级指标得分			三级指标	三级指标得分		
	山东	辽宁	天津		山东	辽宁	天津		山东	辽宁	天津
社会效应	23	24	14	健身活动丰富	6	5	3	人均场馆拥有率	1	2	1
								各技术等级社会体育指导员	2	1	1
								各级别体育社会团体数量	3	2	1
				就业	6	4	3	体育场馆从业人数	3	2	2
								城镇单位就业人数	3	2	1
				收入	3	6	4	城镇居民消费水平	1	2	2
								城镇单位就业人员工资总额	1	2	1
								一般公共预算收入	1	2	1
				社会稳定	6	3	3	城镇居民基本医疗保险年末参保人数	3	2	2
								年末领取失业保险金人数	3	1	1
				体质水平提高	2	6	1	年度接受国民体质测试人数	2	6	1
环境效应	19	13	5	创造宜居城市	11	4	2	城市绿地面积	3	3	1
								全民健身活动中心数量	8	1	1
				提升城市形象	8	9	3	接待国际游客	4	3	1
								建筑业增加值	4	6	2

建体育场地投资是全运会体育场馆建设带来的本行业效应，交通运输仓储和邮政业固定资产投资和全社会固定资产投资是全运会在相关行业所引发的效应。

拉动投资包括的三项指标在山东省、辽宁省、天津市表现情况各具特点（相关指标数据见表2-15）。首先，在新建、改（扩）建体育场地投资方面，山东省和辽宁省表现较为突出。山东省举办第十一届全运会新建、改（扩）建体育场地投资为86 038万元，辽宁省举办第十二届全运会新建、改（扩）建体育场地投资为54 849.04万元。可见，全运会的举办对于山东省和辽宁省在新建、改（扩）建体育场地投资方面具有显著的拉动作用。对于举办第十三届全运会的天津市来说，新建、改（扩）建体育场地投资表现一般，投资额度仅有11 305.58万元。从表2-16可以看出，随着时间的推移，鲁辽津三届全运会的场馆建设总数和新建场馆数量都在逐年减少，与表2-15中的相关指标数据的表现是一致的。

表2-15 **鲁辽津三届全运会体育场馆建设惠民成效评价三级指标数据**

序号	三级指标	第十一届全运会（2009年山东省）	第十二届全运会（2013年辽宁省）	第十三届全运会（2017年天津市）
1	新建、改（扩）建体育场地投资（万元）	86 038	54 849.04	11 305.58
2	交通、运输、仓储和邮政业固定资产投资（不含农户）（亿元）	839.25	1 577.14	531.99
3	全社会固定资产投资（亿元）	19 034.53	25 107.66	11 288.92
4	城镇居民人均消费支出（元）	12 013	19 318	30 284
5	城镇居民人均可支配收入（元）	17 082.80	26 697	40 278
6	居民消费价格指数（上年=100）	99.90	102.40	102.10
7	房地产业增加值（亿元）	1 329.59	1 191.23	783.27
8	餐饮和住宿业增加值（亿元）	594.50	536.39	309.10

续表

序号	三级指标	第十一届全运会（2009年山东省）	第十二届全运会（2013年辽宁省）	第十三届全运会（2017年天津市）
9	交通运输、仓储和邮政业增加值（亿元）	1 742.33	1 399.03	780.40
10	体育场馆收入占体育事业资金收入比重（%）	3.29	17.04	15.51
11	第三产业增加值占GDP比重（%）	35.70	40.70	58.15
12	人均场馆拥有率（个/万人）	0.53	1.13	0.51
13	各技术等级社会体育指导员（人）	51 559	4 883	3 709
14	各级别体育社会团体（个）	1 083	943	199
15	体育场馆从业人数（人）	840	521	400
16	城镇单位就业人数（万人）	922.26	689.07	269.48
17	城镇居民消费水平（元）	16 026.36	25 161	42 067
18	城镇单位就业人员工资总额（亿元）	2 629.3	3 229.7	2 556.73
19	一般公共预算收入（亿元）	2 198.63	3 343.81	2 310.36
20	城镇居民基本医疗保险年末参保人数（万人）	1 111.60	708.50	534.30
21	年末领取失业保险金人数（万人）	22.95	7.55	8.36
22	年度接受国民体质测试人数（人）	90 702	292 305	9 000
23	城市绿地面积（万公顷）	14.70	12.05	4.43
24	全民健身活动中心数量（个）	1 796	125	22
25	接待国际游客（百万人次）	3.10	2.56	0.79
26	建筑业增加值（亿元）	1 039.87	1 645.06	505.61

注：作者根据相关资料整理。

表2-16 三届全运会体育场馆建设状况

名称	总计场馆（个）	新建场馆（个）
第十一届全国运动会（山东）①	129	44
第十二届全国运动会（辽宁）②	117	25
第十三届全国运动会（天津）③	47	21

注：①孙晋海．第十一届全运会改革与创新的理论与实证研究［R］．国家体育总局体育哲学社会科学研究重点项目（项目编号：1195SS08013）．

②中华人民共和国国务院新闻办公室．第十二届全运会场馆设施建设情况新闻发布会［EB/OL］．［2013-10-12］.http：//www.scio.gov.cn/ztk/dtzt/2013/2013ngzhg/29920/29939/Document/1355943/1355943.htm.

③搜狐体育.天津全运会场馆大揭秘［EB/OL］．［2017-08-31］.https：//www.sohu.com/a/168740847_806068.

其次，在交通、运输、仓储和邮政业固定资产投资方面，辽宁省的投资力度较大，投资额度为1 577.14亿元，远远超出山东省和天津市，山东省和天津市的投资额度分别为839.25亿元和531.99亿元。全运会的举办让辽宁省在交通、运输、仓储和邮政业固定资产投资领域获得了丰厚的回报，无疑在一定程度上促进了辽宁省相关交通、运输、仓储和邮政业领域的发展。

再次，在全社会固定资产方面，辽宁省拉动投资的效果最为明显，山东省和天津市排位在辽宁省之后。全社会固定资产投资是指在建造和购置固定资产活动中货币投入的数量形式。全社会固定资产投资可分为基本建设、更新改造、房地产开发投资和其他固定资产投资四个部分。[①]社会固定资产通常作为再生产的主要手段。因此，举办全运会对于完善新兴产业发展，调整产业结构与产业空间分布，提高人民对美好生活的获得感，具有积极作用。

（2）带动消费

带动消费主要表现在城镇居民人均消费支出、城镇居民人均可支配

① 百度百科．全社会固定资产投资［EB/OL］．［2013-05-09］.https：//baike.baidu.com/item/%E5%85%A8%E7%A4%BE%E4%BC%9A%E5%9B%BA%E5%AE%9A%E8%B5%84%E4%BA%A7%E6%8A%95%E8%B5%84/4541283?fr=Aladdin.

收入、居民消费价格指数三项指标上。城镇居民人均消费支出和城镇居民人均可支配收入更为直接地反映出居民消费的状况。而居民消费价格指数（CPI），是一个反映居民家庭一般所购买的消费品和服务项目价格水平变动情况的宏观经济指标。[①]消费者物价指数的倒数就是货币购买力指数。

带动消费包括的三项指标在山东省、辽宁省、天津市表现的状况各具特点。首先，在城镇居民人均消费支出和城镇居民人均可支配收入方面，天津市表现较为突出，其次是辽宁省。天津市举办第十三届全运会城镇居民人均消费支出和城镇居民人均可支配收入分别为30 284元和40 278元，辽宁省举办第十二届全运会分别为19 318元和26 697元，山东省举办第十一届全运会两项指标数值最低。可见，全运会的举办拉动了天津市的居民体育消费。

其次，居民消费价格指数则表现出先上升再小幅回落的趋势，在天津市举办的第十三届全运会此指标有所回落。可见，全运会的举办对于举办城市的消费水平是有一定的拉动作用的。

（3）产业波及效应

产业波及效应主要表现在房地产业增加值，餐饮和住宿业增加值，交通、运输、仓储和邮政业增加值三个指标上。这三个指标能够表现出全运会体育场馆建设波及的相关产业情况，这些相关产业包括房地产、餐饮住宿、运输邮政等领域。

通过表2-15可以看出带动消费包括的三项指标在山东省、辽宁省、天津市的表现具有一致性。从第十一届全运会到第十三届全运会这三项指标是逐届下降的。降幅最大的是交通、运输、仓储和邮政业增加值，从第十一届全运会的1 742.33亿元下降到第十三届全运会的780.40亿元。这说明全运会体育场馆建设没有有效波及房地产、餐饮住宿、运输邮政等相关产业。

---

① 百度百科. 消费者物价指数［EB/OL］.［2006-10-16］.https：//baike.baidu.com/item/%E6%B6% 88%E8%B4%B9%E8%80%85%E7%89%A9%E4%BB%B7%E6%8C%87%E6%95%B0/9843779?fromtitle= % E5%B1%85%E6%B0%91%E6%B6%88%E8%B4%B9%E4%BB% B7%E6%A0%BC% E6%8C%87%E6% 95%B0&fromid=3458629&fr=Aladdin.

（4）产业结构优化

产业结构优化主要表现在体育场馆收入占体育事业资金收入比重和第三产业增加值占GDP比重两项指标上。体育场馆收入占体育事业资金收入比重和第三产业增加值占GDP比重两项指标从微观和宏观的视角反映了体育场馆服务的结构状况。

通过表2-15可以看出体育场馆收入占体育事业资金收入比重和第三产业增加值占GDP比重两项指标在三届全运会的变化走势。首先，从第十一届全运会到第十三届全运会体育场馆收入占体育事业资金收入比重表现是先上升又下降的。其次，从第十一届全运会到第十三届全运会第三产业增加值占GDP比重表现是逐届上升的。

2）社会效应

鲁辽津三届全运会体育场馆建设社会效应评价赋分为33分，在整个评价体系中占比为33%。其中包括健身活动丰富（7分）、就业（6分）、收入（7分）、社会稳定（6分）、体质水平提高（7分）二级指标，下面通过这五个二级指标对鲁辽津三届全运会体育场馆建设社会效应进行量化评价。

依据鲁辽津三届全运会体育场馆建设惠民效应评估指标体系的赋分标准，经过核算得出如下结论：鲁辽津三届全运会体育场馆建设惠民成效评估中社会效应排在首位的是举办第十二届全运会的辽宁省，分值为24分；其次为举办第十一届全运会的山东省，分值为23分；举办第十三届全运会的天津市列第三位，分值为14分。

从宏观层面来分析，鲁辽津三届全运会体育场馆建设均表现出较为显著的社会影响，主要体现在以下四个方面：第一，鲁辽津三届全运会体育场馆建设对举办地具有明显的丰富健身活动作用。山东省作为第十一届全运会举办地在丰富健身活动方面表现最为突出，得分为6分。辽宁省作为第十二届全运会举办地在丰富健身活动方面表现稍差一些，得分为5分。举办第十三届全运会的天津市在丰富健身活动方面的表现稍逊一筹，得分仅为3分。第二，鲁辽津三届全运会体育场馆建设对举办地带动就业起到明显的作用。山东省在带动就业方面效果最为突出，得分为6分。第三，鲁辽津三届全运会体育场馆建设所产生的收入影响较为明显。辽宁省举办第十二届全运会产生的收入影响最为强烈，得分为6分。山东省产生的收入影响较为平淡，得分仅为3分。第四，鲁辽津三届全运会体育场馆建设对社会稳定的促进作用较为强劲。山东省通过体育场馆建设对社会稳定的促进作用较为显著，得分为6分。天津市和辽宁省通过体育场馆建设对社会稳定的促进作用表现一般，得分均为3分。第五，鲁辽津三届全运会体育场馆建设对体质水平的提升作用较为强劲。辽宁省表现最为突出，得分为6分。天津市表现不显著，得分仅为1分。

（1）健身活动丰富

健身活动丰富主要表现在人均场馆拥有率、各技术等级社会体育指导员、各级别体育社会团体数量三项指标上。人均场馆拥有率、各技术等级社会体育指导员、各级别体育社会团体数量三项指标是归属于“六个身边”工程之中的，对于丰富健身活动发挥着重要的作用，是评判全运会体育场馆建设惠民成效的重要考量指标。

通过表2-15可以看出人均场馆拥有率、各技术等级社会体育指导员、各级别体育社会团体数量三项指标在三届全运会的变化趋势。首先，从第十一届全运会到第十三届全运会人均场馆拥有率的表现是先上升又下降的。第十二届全运会辽宁省人均场馆拥有率高达1.13个/万人，远远高于第十一届全运会（0.53个/万人）和第十三届全运会（0.51个/万人）。这说明全运会体育场馆建设提升了辽宁省的人均场馆拥有率。其次，从第十一届全运会到第十三届全运会各技术等级社会体育指导员人数是逐届下降的。第十一届全运会山东省该指标数据达到51 559人，远远高于第十二届全运会（4 883人）和第十三届全运会 （3 709人）。这说明各技术等级社会体育指导员指标的变化没有提升全运会举办地的社会效应，全运会体育场馆建设没有通过社会体育指导员的增加使城镇居民得到实惠。此外，从第十一届全运会到第十三届全运会各级别体育社会团体数量是逐届下降的。三届全运会下降的幅度是非常明显的，由2009年的1 083个下降到2017年的199个。这表明各级别体育社会团体指标的变化没有提升全运会举办地的社会效应，全运会体育场馆建设没有通过体育社会团体的增加使城镇居民得到实惠。

（2）就业

就业主要表现在体育场馆从业人数、城镇单位就业人数两项指标上。这两项指标从内部和外围的层面对就业促动体育场馆建设的惠民成效进行评估。通常体育场馆从业人数决定体育场馆的建设规模与服务供给的能力水平。城镇单位就业人数可以反映出体育场馆就业的人数状况，但是其精准程度有待于进一步考量。

通过表2-15可以看出体育场馆从业人数、城镇单位就业人数两项指标在三届全运会的变化趋势。首先，从第十一届全运会到第十三届全运会体育场馆从业人数是逐届下降的。这表明，全运会举办期间参与体育场馆运营的从业人员规模没有提升举办地的社会效益，全运会体育场馆建设没有在体育场馆从业规模方面使城镇居民得到实惠。其次，第十一届全运会到第十三届全运会城镇单位就业人数是逐届下降的。这表明全运会举办期间城镇单位从事运营的从业人员规模没有提升举办地的社会效益，全运会体育场馆建设没有在城镇单位从业规模方面使得城镇居民得到实惠。

（3）收入

收入主要表现在城镇居民消费水平、城镇单位就业人员工资总额、一般公共预算收入三项指标上。城镇居民消费水平与收入具有正相关关系，通过城镇居民消费水平可以间接反映出收入情况。城镇单位就业人员工资总额直接反映城镇单位就业人员收入。一般公共预算收入是指政府凭借国家政治权力，以社会管理者身份筹集以税收为主体的财政收入，主要用于保障和改善民生、维持国家行政职能正常运转、保障国家安全等方面。一般公共预算收入包括税收收入、行政事业性收费收入、国有资源有偿使用收入、转移性收入和其他收入。①

通过表2-15可以看出城镇居民消费水平、城镇单位就业人员工资总额、一般公共预算收入三项指标在三届全运会的变化趋势。首先，第十一届全运会到第十三届全运会城镇居民消费水平是逐届上升的，幅度比较明显。这说明全运会体育场馆建设有助于社会效应的提升，全运会

---

① 齐红. 公共预算收入包括什么［EB/OL］.［2020-05-06］.https://www.acc5.com/wenda/question_6093.html.

体育场馆建设使得城镇居民在消费方面得到了实惠。其次，第十一届全运会到第十三届全运会城镇单位就业人员工资总额表现是先上升后下降的。值得说明的是，2013年全运会举办地辽宁省的该指标数值高达3 229.7亿元。这表明全运会体育场馆建设对于辽宁省的社会效应提升作用是非常明显的，全运会体育场馆建设使得辽宁省城镇单位就业人员工资收入有所提高。第三，第十一届全运会到第十三届全运会一般公共预算收入表现是先上升后下降的。辽宁省的该指标数值高于第十一届全运会和第十三届全运会。这表明全运会体育场馆建设对于辽宁省的社会效应提升作用是非常明显的，全运会体育场馆建设使得城镇居民在以税收为主体的财政收入方面得到了实惠。

（4）社会稳定

社会稳定主要表现在城镇居民基本医疗保险年末参保人数、年末领取失业保险金人数两项指标上。居民医疗保险和失业保险是社会稳定的重要保障。建立城镇居民基本医疗保险和失业保险制度直接关系广大群众的切身利益，是重大的民生工程和惠民政策。

通过表2-15可以看出城镇居民基本医疗保险年末参保人数、年末领取失业保险金人数两项指标在三届全运会的变化情况。首先，从第十一届全运会到第十三届全运会城镇居民基本医疗保险年末参保人数是逐届下降的。这说明，全运会体育场馆建设使城镇居民得到实惠的效果是较差的。其次，第十一届全运会到第十三届全运会年末领取失业保险金人数是先下降又略有上升的状态，但总体呈下降趋势。这是通过指标数据反馈出来的失业人员下降的隐性结果。

（5）体质水平提高

体质水平提高主要表现在年度接受国民体质测试人数指标上。国民体质测试系统作为检测与评价城镇居民体质健康水平的科学依据和发展基础，在全民健身计划实施的过程越来越体现出重要的作用。

通过表2-15可以看出年度接受国民体质测试人数在三届全运会的变化趋势。值得说明的是，第十二届全运会辽宁省年度接受国民体质测试人数远超过第十一届全运会和第十三届全运会的数量。这说明全运会体育场馆建设的社会效应非常显著，体育场馆建设的惠民成效表现明显。

3）环境效应

鲁辽津三届全运会体育场馆建设环境效应评价赋分为32分，在整个评价体系中占比为32%。其中包括创造宜居城市（17分）、提升城市形象（15分）二级指标，下文通过这两个二级指标对鲁辽津三届全运会体育场馆建设环境效应进行量化评价。

依据鲁辽津三届全运会体育场馆建设惠民成效评估指标体系的赋分标准，经过核算得出环境效应排在首位的是举办第十一届全运会的山东省，分值为19分；其次为举办第十二届全运会的辽宁省，得分为13分；举办第十三届全运会的天津市列第三位，分值为5分（见表5-14）。

从宏观层面来观测，鲁辽津三届全运会体育场馆建设均表现出较为显著的环境影响作用，主要体现在以下方面：第一，鲁辽津三届全运会体育场馆建设对举办地具有明显的创造宜居作用。山东省作为第十一届全运会举办地在拉动投资方面表现最为突出，得分为11分。辽宁省举办第十二届全运会对城市拉动投资的能力表现得稍逊一筹，得分为4分。天津市创造宜居城市的能力最为薄弱，得分仅为2分。第二，鲁辽津三届全运会体育场馆建设对举办地城市形象起到明显的提升作用。辽宁省在城市形象提升方面效果最为突出，得分为9分。天津市的城市形象提升作用结果较差，仅得3分。

（1）创造宜居城市

创造宜居城市主要表现在城市绿地面积、全民健身活动中心数量两项指标上。城市绿地面积指用作园林和绿化的各种绿地面积，包括公共绿地、居住区绿地、单位附属绿地、防护绿地、生产绿地、道路绿地和风景林地面积，[①]是反映城市环境质量的一项重要指标。全民健身活动中心数量通常建设布局在区县、乡镇街道、社区，是城镇居民开展全民健身活动的重要场所，也是构建城镇“15分钟健身圈”的重要内容。

① 百度百科. 城市园林绿地面积［EB/OL］.［2008-03-28］.https://baike.baidu.com/item/%E5%9F%8E%E5%B8%82%E5%9B%AD%E6%9E%97%E7%BB%BF%E5%9C%B0%E9%9D%A2%E7%A7%AF/1227240?fromtitle=%E5%9F%8E%E5%B8%82%E7%BB%BF%E5%9C%B0%E9%9D%A2%E7%A7%AF&fromid=16174556&fr=Aladdin.

其中，全民健身活动中心作为住宅小区规划建设的设计内容之一，将对推动社区体育发展起到积极作用。

通过表2-15可以看出城市绿地面积、全民健身活动中心数量两项指标在三届全运会的变化趋势。首先，第十一届全运会到第十三届全运会城市绿地面积是逐届下降的。这表明全运会体育场馆建设没有促进城市环境质量的提升，城市绿地的建设与规划没有使城镇居民得到实惠。其次，第十一届全运会到第十三届全运会全民健身活动中心数量是逐届下降的且下降幅度很明显。这表明全运会体育场馆建设对于环境效应的提升作用是非常不显著的，全民健身活动中心建设与布局没有使城镇居民得到实惠。

（2）提升城市形象

提升城市形象主要表现在接待国际游客、建筑业增加值两项指标上。接待国际游客反映城市对外的吸引力和影响力，反映城市在国际层面的知名度和发展程度。建筑业增加值则直接揭示了城市的建设状况和未来发展的竞争力以及城市空间规划布局的现状与发展趋势。

通过表2-15可以看出接待国际游客、建筑业增加值两项指标在三届全运会的变化趋势。首先，第十一届全运会到第十三届全运会接待国际游客数量是逐届下降的。这说明全运会期间城市接待国际游客的情况没有能够提升其环境效应，全运会体育场馆建设没有能够通过国际游客使举办城市居民得到实惠。其次，第十一届全运会到第十三届全运会建筑业增加值表现是先上升后下降的。第十二届全运会举办地辽宁省建筑业增加值远高于第十三届全运会的指标数值。这表明全运会期间建筑行业盈收提升了辽宁省的环境效应，全运会体育场馆建设通过建筑行业营收使辽宁省城镇居民得到实惠。

2.3.3 小结

本章基于三重底线评估理论，通过内容分析法、德尔菲法、主观赋权法，得出由3个一级指标、11个二级指标、26个三级指标组成的指标体系。鲁辽津三届全运会体育场馆建设惠民成效分析需要围绕上述指标体系（尤其是经济、社会、环境一级指标）进行。同时，此指标体系是体育场馆建设惠民成效的主要影响因素。通过该指标体系构建的模型可以充分体现体育场馆建设惠民成效。后续章节将引入“点-轴-网系统”理论，使“点-轴-网系统”理论成为全运会体育场馆建设惠民成效研究的有力支撑。

3 鲁辽津三届全运会体育场馆建设惠民成效分析存在的问题

3.1 关于丰富市场供给、完善体育场馆方面的问题

3.1.1 全运会体育场馆规模供给呈现缩减趋势

第十一届全运会所需的129个体育场馆中，44个为新建，85个为改（扩）建。第十二届全运会所需的117个场馆中，25个为新建，92个为改（扩）建。第十三届全运会所需的49个场馆中，21个为新建，28个为改（扩）建。三届全运会体育场馆的数量由第十一届全运会的129个减少到第十三届全运会的49个，新建体育场馆数量由第十一届全运会的44个减少到第十三届全运会的21个。可见，无论是全运会所需要的体育场馆还是新建的体育场馆数量均有所下降。从表3-1可以看出，人均场馆拥有率在第十二届全运会略有上升，但是在第十三届全运会又出现下降。

3.1.2 全运会体育场馆建设资金供给逐届递减

从表3-1可以看出，用于体育场馆的财政拨款由第十二届全运会的18 376.53万元上升为第十三届全运会的27 218.03万元。三届全运会体育场馆的财政拨款呈略微下降趋势。另外，三届全运会新建、改（扩）建体育场地投资从86 038万元下降到11 305.58万元，全运会体育场馆建设投资逐届减少。换言之，政府对于体育场馆建设投资逐年递减的状况与上述全运会体育场馆建设数量下降的结论是互为因果关系的。

3.1.3 全运会体育场馆相关配套设施以及其他供给存在下降迹象

从表3-1可以看出，三届全运会城市绿地面积由14.70万公顷下降为4.43万公顷，全民健身活动中心数量由1 796个下降到22个，户外健身场地设施由452个下降为27个，全民健身路径工程由848个下降为733个。由此可见，全运会体育场馆相关配套设施呈现下降趋势。

表3-1中还可以看出，三届全运会各技术等级社会体育指导员和各级别体育社会团体两项指标是逐届减少的。国民体质监测站点由第十二届全运会的62个下降为第十三届全运会的4个。这表明，从体育场馆供给视角来看，全运会体育场馆相关供给呈现下降的趋势。

表3-1 **鲁辽津三届全运会期间体育场馆供给状况**

序号	指标	第十一届全运会（2009年山东省）	第十二届全运会（2013年辽宁省）	第十三届全运会（2017年天津市）
1	新建、改（扩）建体育场地投资（万元）	86 038	54 849.04	11 305.58
2	人均场馆拥有率（个/万人）	0.53	1.13	0.51
3	各技术等级社会体育指导员（人）	51 559	4 883	3 709
4	各级别体育社会团体（个）	1 083	943	199
5	国民体质监测站点（个）	—	62	4

续表

序号	指标	第十一届全运会（2009年山东省）	第十二届全运会（2013年辽宁省）	第十三届全运会（2017年天津市）
6	城市绿地面积（万公顷）	14.70	12.05	4.43
7	全民健身活动中心数量（个）	1 796	125	22
8	体育场馆的财政拨款（万元）	28 501.7	18 376.53	27 218.03
9	户外健身场地设施（个）	—	452	27
10	全民健身路径工程（个）	—	848	733

注：数据来源于《体育事业统计年鉴》(2009年、2013年、2017年)。

说明：表中“—”表示数据无法获取，原因是《体育事业统计年鉴》从2013年启用了新的《全国体育系统统计报表制度》，2013年之前的指标与2013年及其之后的指标缺乏一致性。第十一届全运会举办在2009年，故部分指标数据无法获取。

3.1.4 体育场馆“免低开放”供给机制不完善

在国家体育总局实施体育场馆“免低开放”的改革过程中，三届全运会体育场馆的供给方面暴露出三个突出的问题。首先，体育场馆“免低开放”的效率亟待提升。体育场馆“免低开放”的惠民成效没有充分发挥出来，体育场馆对外开放的宣传与对应的场馆接待和管理工作不到位，一些健身者不了解如何进馆去参与健身活动。其次，体育场馆没有有效利用“免低开放”提供的补助资金，出现了“好钢没用到刀刃上”的现象。体育场馆的服务质量没有得到明显提升，表现在场地的提供、健身指导者的指导以及健身活动和竞赛的组织等方面。最后，体育场馆提供的健身服务内容与形式没有满足广大群众健身的多元化需求，存在健身项目设置不全、场馆开放区域面积不大、场馆开放时间不足等问题。在“免低开放”的过程中，有的场馆仅开放附属场地设施，没有把主要场区空间提供给健身者，对开放场地的面积也进行了限制。以上的做法无形改变了“免低开放”的初衷，会对体育场馆惠民的应有之义产生影响。

3.2 关于体育场馆空间布局方面的问题

3.2.1 体育场馆建设与其附属住宅小区的融合效应不明显

薛云等（2021）在研究中指出，根据2007—2013年的统计数据，我国距离居民居住地超过1千米的锻炼场地占40%以上。这表明，包括鲁辽两届全运会体育场馆在内的市民锻炼场地大部分建设在远离城市居民区的区域。王沂（2011）指出，城市拓展区的体育场地设施建设主要以政府拨款为主，老城区的体育场地设施建设则以房地产开发商投资为主，并且城市拓展区的室外体育场地设施面积大于老城区的室外体育场地设施面积。相比城市老城区而言，城市拓展区全运会大型体育场馆的住宅区配套建设规模和住宅区建成后入住人口密度均相对较低，从而导致全运会大型体育场馆的建设与住宅小区匹配融合的程度大大降低，直接影响全运会体育场馆的开放利用率。

3.2.2 体育场馆建设缺乏餐饮住宿业与之配套

从表3-2可以看出，三届全运会餐饮和住宿业增加值是逐届下降的。这说明在一定程度上，三届全运会举办对于餐饮和住宿行业的拉动作用不明显。体育场馆建设特别是全运会举办地体育场馆的建设尚未与餐饮和住宿业结合起来，没有形成互动。一方面，三届全运会体育场馆建设没有实现体育综合体的建设目标；另一方面，由于全运会体育场馆建设没有与餐饮和住宿业相结合，进行健身使用体育场馆的人口数量就会减少，间接影响了体育场馆的使用率。

表3-2 鲁辽津三届全运会体育场馆空间布局状况

序号	指标	第十一届全运会（2009年山东省）	第十二届全运会（2013年辽宁省）	第十三届全运会（2017年天津市）
1	餐饮和住宿业增加值（亿元）	594.50	536.39	309.10
2	接待国际游客（百万人次）	3.10	2.56	0.79

数据来源：作者根据相关资料整理。

3.2.3 体育场馆建设尚未与城市旅游业发展相结合

从表3-2可以看出，三届全运会接待国际游客数量是逐届下降的。这说明全运会体育场馆建设尚未与城市旅游景点关联，没有充分挖掘和利用旅游业对于体育场馆消费人口的拉动作用，尚未促使“体旅融合”、引致释放“红利”，进而影响了体育场馆建设惠民成效的实现。此外，通过对三届全运会举办地部分体育场馆的实地调研发现，作为全运会重要“遗产”的体育场馆很少进行观光旅游项目的经营，导致体育场馆失去在城市旅游业中扮演重要资源角色的绝佳机会，不能通过市场运营发挥体育场馆的综合效应，进而无法实现体育场馆的保值增值。

3.2.4 选址在高校引发全运会体育场馆布局不合理

表3-3为鲁辽津三届全运会体育场馆选址在高校的情况。全运会体育场馆选址在高校具有可取之处，例如，赛后场馆产权的转移使得运营和管理问题得到一定程度解决。但是在运营和管理的实践过程中，高校体育场馆在面向校外的开放使用方面存在一定问题，例如，校外人员入校、学校对外来人员的管理以及场馆开放时间等问题严重制约场馆的公共服务和运营管理。因此，位于高校的全运会体育场馆建设惠民成效没有体现出来。

表3-3 鲁辽津三届全运会体育场馆选址在高校的情况

	第十一届全运会（2009年山东省）	第十二届全运会（2013年辽宁省）	第十三届全运会（2017年天津市）
高校体育馆名称	山东省体院射击馆、山东省体院棒球场、山东省体院曲棍球场、山东省体院自行车馆、山东省交通学院体育馆、中国石油大学（华东）体育馆、中国海洋大学体育馆、潍坊学院体育馆、潍坊一中体育馆、山东农业大学（南校区）体育馆、中国石油大学东营校区体育馆	沈阳医学院体育馆、沈阳农业大学体育场、沈阳工业大学体育馆、沈阳大学体育馆、辽宁大学体育馆、沈阳航空航天大学体育馆、沈阳农业大学禾丰体育馆、东北大学刘长春体育馆、沈阳体育学院白清寨训练基地	中国民航大学体育馆、天津中医药大学体育馆、天津财经大学体育馆、天津工业大学游泳馆、体育馆、天津城建大学体育场、天津体育学院体育场、天津科技大学体育馆、天津农学院体育馆、天津师范大学体育馆、天津商业大学体育馆、天津城建大学体育馆、天津职业技术师范大学体育馆、天津体育学院体育馆、天津理工大学体育馆

续表

	第十一届全运会（2009年山东省）	第十二届全运会（2013年辽宁省）	第十三届全运会（2017年天津市）
高校体育馆数量	11	9	14
新建体育场馆	44	25	21
高校体育场馆占新建体育场馆的比例（%）	25	36	66.67

3.3 关于创新体育场馆运营机制方面的问题

3.3.1 运营体制机制不完善，激励机制不健全

与企业性质的体育场馆相比，全运会体育场馆运营体制机制较为保守、僵化。在现有的资金预算管理制度下，体育场馆很难调配资金购买和举办大型高级别的文体活动；体育场馆很难招聘和引进高水平的市场专业管理人员；体育场馆营收分配机制不健全，收入与分配不对称。

3.3.2 运营社会力量尚未真正参与体育场馆的运营管理

体育场馆经营权和所用权二者的关联状态是影响体育场馆运营效果的关键。当前，国家出台相关政策文件鼓励社会力量参与体育场馆的运营管理，其目的就在于将场馆经营权分流给社会力量（民营企业等）。但是，在体育场馆运营的实践过程中真正采取由社会力量运营方式的体育场馆很少见，大多数是采取将经营权委托给企业的方式来运营，尚未形成社会力量进入的市场环境。体育场馆运营权主要还是由事业单位来控制，很少由企业单位承担。

3.3.3 体育场馆使用低效、运营收入低的状态较为普遍

相关研究表明，体育场馆场地面积仅占建筑面积的20%左右，体育场馆真正能够使用的场地面积是非常少的，其他空间均未被有效利用，造成一定程度的空间浪费，成为影响体育场馆面向群众有效开放的致命“硬伤”。《中国体育产业发展报告》（2019）指出，2015年在国家体育总局开展的体育场馆“免低开放”的活动计划中，291家体育场馆中有101家体育场馆举办赛事达到20次以上，有55家体育场馆举办赛事达到30次以上。此外，在参与2015年国家体育总局开展“免低开放”的291家体育场馆中，运营收入均值为209万元，运营支出均值为255万元，体育场馆运营状况基本上是收支平衡或是入不敷出的情形。体育场馆如此低收入的状况与其巨大的建设投入形成了强烈反差。

3.3.4 体育场馆运营规模不高、运营效益偏低

表3-4为三届全运会体育场馆运营情况。从表3-4可以看出，三届全运会体育场馆从业人数是逐届下降的。

表3-4 三届全运会体育场馆运营情况

序号	指标	第十一届全运会（2009年山东省）	第十二届全运会（2013年辽宁省）	第十三届全运会（2017年天津市）
1	体育场馆收入占体育事业资金收入比重（%）	3.29	17.04	15.51
2	体育场馆从业人数（人）	840	521	400

注：作者根据相关资料整理。

4 运用经济地理学理论对第十三届全运会天津体育场馆建设惠民成效进行实证研究

4.1 “点-轴-网”模式的理论基础、一般问题及其设计

4.1.1 增长极模式理论

20世纪50年代法国经济学家佩鲁提出增长极模式理论[①]。增长极模式的出现带有浓重的经济学色彩，充分适用于经济学领域，其通过主导产业对周边产业的关联效应来影响整个区域的经济发展，在较为抽象的空间结构中，伴随着“扩散—支配—乘数”作用机制的连续发生，增长极的变化效应逐步实现与形成。布代维尔指出“增长极是指在城市区配置不断扩大工业综合体，并在其影响范围内引导经济活动的进一步发展”。[②]这一研究结果是将增长极模式由经济领域向地理领域研究转变

① 杨万钟.经济地理学导论［M］. 上海：华东师范大学出版社，1999.

② 商知飞.辽宁中部城市群竞技体育优势项目增长极发展战略研究［D］. 沈阳：沈阳师范大学，2012.

的标志性学术成果。增长极模式理论更加注重地理空间的研究。增长极模式理论开始关注城市或地区的经济增长状况，使得该理论模式的研究优势从经济空间发展到了地理空间。区域的开发逐渐成为增长极模式的地理内涵，通过具有集聚作用的极核充分体现增长极的效应与作用，以经济条件好的点带动整个区域经济增长的基础作用机制与原理作为理论基础，将这种理论机制转化到城镇或城市的发展问题上，就会得出城市是由具有集聚作用的极核点逐渐扩散而形成的结论。由此，从学科发展的角度去判断，增长极模式理论源自区域经济学，创新发展于经济地理学，并适用于地理空间布局的研究领域。在实践发展过程中，根据区域经济学和经济地理学的不同需求，增长极模式被广泛运用于指导区域发展的建设与优化过程中。

在体育学研究领域，关于增长极模式的研究文献尚不多见。但是，部分研究文献呈现出了增长极模式理论在体育学领域的指导与优化的作用。例如，商知飞在论文中将增长极理论应用于城市群体育研究领域，提出构建辽宁中部城市群竞技体育优势项目增长极发展战略，探讨增长极理论促进城市群竞技体育优势项目发展的路径，旨在运用增长极理论中的乘数效应、支配效应、聚集效应、扩散效应解释城市群竞技体育优势项目发展规律，对于加快辽宁中部城市群竞技体育优势项目建设具有重要的意义[①]。张世威在论文中运用增长极理论提出了区域中心城体育产业增长极发展战略，认为区域增长极理论为我国体育产业的发展提供了重要的启示和理论依据。其在对我国体育产业发展现状及体育产业发展的竞争优势要素分析的基础上，结合区域中心城市所具有的区域增长极理论优势效应和体育产业竞争优势重度关联要素，提出了打造区域中心城市体育产业增长极的战略思想及相应建议，为促进我国体育产业的发展提供了理论参考[②]。

① 商知飞. 辽宁中部城市群竞技体育优势项目增长极发展战略研究［D］. 沈阳：沈阳师范大学，2012.

② 张世威. 基于区域“增长极”理论的我国体育产业发展战略思考［J］. 北京体育大学学报，2010（7）：12-16.

4.1.2 “点-轴系统”模式理论

1）“点-轴系统”理论背景分析

城市或区域的发展在经济社会中的作用越来越重要。其中，交通、基础设施、服务业的情况在很大程度上决定了城市或区域的发展水平与发展趋势。城市或区域建设与开发成为学术界研究的重点与热点，多学科的研究对象逐渐关注城市空间布局、区位规划等。由中心向外围扩散的发展模式是城市经济发展的普遍规律。在经济地理学学科属性范围，这种城市经济发展的变化规律被称为渐进式扩散理论。渐进式扩散理论是城市经济开发中心转移的重要理论依据[①]。由此可见，渐进式扩散理论为“点-轴系统”理论的建构奠定了坚实的基础，正是城市经济渐进式发展形成的规律逐渐形成“点-轴系统”理论。

1984年，我国著名经济学家陆大道提出了“点-轴系统”理论。同年，其在学术报告中初步提出了“点-轴系统”理论模式，并对该理论的形成机理、结构类型及渐进式扩散原理进行研究，使这一理论基本上形成了一个体系[②]。“点-轴系统”理论是关于最优空间结构的学说，旨在探索城市或区域空间的最佳发展。陆大道的研究充分证明了运用“点-轴系统”模式组织社会经济客体进行空间结构优化可以使得该城市或区域空间结构获得最佳发展的结论。该理论的创新之处在于揭示了社会经济客体运行的客观规律，在此基础上，使得指导城市建设布局具有卓有成效的现实意义，进而使该理论模式被广泛运用到国土开发与区域布局的实践过程。从检索的文献来看，“点-轴系统”理论同样被应用到体育学领域。交通、人口密度等要素对于城市体育场馆建设布局的影响程度越来越明显。《2019年全国体育场地统计调查数据》显示，截至2019年底，全国共有体育场地354.44万个，体育场地面积共29.17亿平方米，人均场地面积为2.08平方米。国务院办公厅发布的《体育强国

---

① 陆大道. 关于“点-轴”空间结构系统的形成机理分析 [J]. 地理科学，2002（1）：1-6.

② 陆大道. 关于“点-轴”空间结构系统的形成机理分析 [J]. 地理科学，2002（1）：1-6.

建设纲要》[①]中明确提出，到2035年，人均体育场地面积达到2.5平方米。由此可见，加强体育场馆设施建设迫在眉睫。这也显示出“点-轴系统”理论的重要实践价值与现实指导意义。

2）“点-轴系统”理论的基本概念及对其思想的阐释

1933年，地理学家瓦尔特·克里斯塔勒提出中心地理论。陆大道的研究结论表明中心地理论是“点-轴系统”理论的基础和支撑，“点-轴系统”理论是中心地理论的进一步延伸。“点-轴系统”理论是关于社会经济空间结构（组织）的理论之一，是生产力布局、国土开发和区域发展的理论模式[②]。

“等级—规模”体现的是逐级渐进发展的思想内涵，其发生作用的机制是集聚与扩散原理。“等级—规模”是中心地理论的核心思想。“等级—规模”逻辑范式是“点-轴系统”理论的核心基础，是逐级渐进发展的最终结果。虽然两种理论的发展逻辑同是“等级—规模”思想范式，但是二者也存在差异。相对于中心地理论，“点-轴系统”理论的属性范畴更加关注发展客体的空间结构和区域发展优化的问题。区域发展问题是经济地理学和区域经济学共同的研究领域，是两个学科共存的基础[③]。区域发展战略与区域规划是“点-轴系统”理论的核心要义。区域规划与布局是“点-轴系统”理论的核心内容。

发展轴的选择是构建“点-轴系统”的关键步骤，是进行“点-轴系统”规划布局的核心工程。发展轴的确定与区域发展的等级相互对应。发展轴的确定有利于区域的发展得到相应规模的匹配，有利于区域发展符合区域开发的规划要求，进而促进城市内部空间结构的规划布局，优化城市公共设施建设，实现运营管理的良性发展。

4.1.3 网络开发模式理论

20世纪90年代，受网络[④]概念和网络经济学的影响与启发，网络开

① 国务院办公厅关于印发《体育强国建设纲要》的通知（国办发〔2019〕40号）[EB/OL].［2019-09-02］.http：//www.gov.cn/zhengce/content/2019-09/02/content_5426485.htm.
② 陆大道. 关于“点-轴”空间结构系统的形成机理分析［J］. 地理科学，2002（1）：1-6.
③ 焦连成. 经济地理学研究的传统对比［D］. 长春：东北师范大学，2007.
④ 百度百科. 网络［EB/OL］.［2006-05-09］.http：//baike.baidu.com/view/3487.htm？fr=aladdin.

发理论逐步形成。魏后凯（1998）研究指出，区域经济发展是一个动态的过程，在发展中呈现出增长极点开发、点轴开发和网络开发三个不同阶段[①]。这个观点的提出确立了网络开发理论的形成。网络开发理论是对“点-轴开发”理论的进一步挖掘与开拓，是顺应“点-轴开发”理论发展趋势的必然结果。网络呈现出立体空间结构，节点和轴线共同组成网络结构。节点代表集聚作用的结果，是网络结构的核心环节，同时节点也是集聚后发生扩散的主要动力源泉。轴线在网络结构中则起到连接作用，是节点传达到网络整体的动态载体，也是网络系统中各种要素流动的通道。通常情况下，网络开发理论被应用到城市空间布局的高级阶段。

4.1.4 “点-轴-网”理论

1）“点-轴-网”理论的形成

基于相同的集聚与扩散生成机理，增长极、“点-轴系统”、网络开发三个理论表现出非常清晰的逻辑递进关系，这种关系就是魏后凯提出的动态发展过程中的三个不同阶段（见图4-1）。增长极理论阐释的是各级中心在一定范围内作用的模式，更侧重空间结构的变化过程与相互联系；“点-轴系统”理论阐明的是经济客体在一定范围内发展的总体模式，更强调空间变化过程；网络开发理论是“点-轴系统”理论发展的必然，是其更高阶段的表现形式。

图4-1 “点-轴-网”理论形成的三个阶段

资料来源：张建军.区域网络开发战略模式研究综述［J］.生产力研究，2007（1）：146-147.

2）“点-轴-网”理论的类型

世界发达国家城市体育设施建设布局较为成熟，有许多经验可供借鉴。发达国家体育设施配置体系主要是以美国和日本为代表的两种模

① 戈银庆.中国区域经济问题研究综述［J］.甘肃社会科学，2004（1）：57-60.

式：美国形成了以俱乐部为标志的职业体育和以社区为依托的公民体育的市级、社区级二级体育设施配置体系；日本则是构筑了政府主导、行政区划管理的都道府县—村、镇、市—区（相当于我国行政区划的市级—区级—社区级）三级体育设施配置体系。体育设施配置体系应当既能与国家规范相适应，便于制定各级体育设施的建设标准，又与行政区划一致，便于实施管理①。我国体育设施配置体系是依据国家和所在城市建设规划的要求并按照所在城市的行政区划编制建立的。配置体系大体包括三、四、五级3种类型，具体为：市—区—社区、市—片区—区—社区、市—区—居住区—社区—镇。

体育设施的配置体系是不同类型体育设施在城市范围内布局规划的类别要求。体育设施类型的划分也应该遵循国家规范和城市行政区划的规定与要求。“点-轴-网”模式是城市体育设施建设布局科学合理的模式，“点-轴-网”类型划分的特征应该具有体育设施类型划分的国家规范性与行政区划性。也就是说，不同类型的“点-轴-网”应该与城市规划建设标准相符合，不同类型的“点-轴-网”也应该归属于不同级别政府部门管理。因此，“点-轴-网”的类型必须与城市体育设施配置体系类型一致。

“点-轴-网”类型与城市体育设施配置体系类型一致的现象不是巧合，而是“点-轴-网”应用于现实城市体育设施建设布局的必然体现。以市—区—社区的城市体育设施配置体系为例，运用增长极理论建设或规划形成市级体育设施点，再通过“点-轴”理论确定以交通线为主的一级（或称为市级）基础设施轴（或称为发展轴）将两个市级体育设施点连接起来，在网络开发理论的作用下，继续延伸拓展的市级发展轴将其他市级体育设施点连接起来，最终发展成为市级“点-轴-网”。随着社会公共体育服务体系构建不断推进，在增长极理论、“点-轴”理论、网络开发理论的作用下，对市级发展轴线地带特别是若干个点予以重点发展，对位于轴线上和轴线的直接吸引范围内的体育经济资源予以优先开发。这样，此一级的发展轴和发展中心得到开发，二级（区级）、三

① 毕红星．我国城市公共体育设施规划布局研究［J］．成都体育学院学报，2012，38（4）：34-38.

级（社区级）的“点-轴-网”逐渐形成。所以说，“点-轴-网”类型的划分与“点-轴-网”形成机理是相互吻合的。

3）“点-轴-网”理论的特征

（1）阶段性特征

“点-轴-网”是构筑在经济地理学相关理论基础之上的，“点-轴-网”形成的整个过程表现为增长极开发、点轴开发和网络开发三个递进的阶段。增长极理论、“点-轴系统”理论以及网络开发理论模式的形成是空间集聚和空间扩散作用的结果。在城市体育设施建设布局的发展过程中，体育设施的社会经济要素在“点”上集聚。“点”是指区域内部的增长极，也就是各级体育设施中心。各级体育设施中心融汇诸多经济社会的发展要素，通过空间集聚作用发展成为各级增长极，这些增长极再通过空间扩散作用辐射到周边区域，最终形成本区域体育设施的增长极布局模式。随着城市公共体育服务体系的完善，不同体育设施的增长极通过交通基础设施线连接起来，通过集中在社会经济基础设施发展轴（主要指交通线路）线上的服务、技术、人员、信息、金融等要素对发展轴附近区域产生空间扩散作用，进一步形成体育设施“点-轴”布局模式。当体育事业高度发达时，“点”通过发展轴连接，发展轴经纬交错，体育设施“点-轴”模式就会发展成为网络模式。可见，渐进性的空间集聚和空间扩散作用机理是推进“点-轴-网”递进式形成的动力机制，阶段性是“点-轴-网”形成过程中的显著特征。“点-轴-网”具有的阶段性特征是体育设施产业布局演变一般规律的外在表现。“点-轴-网”的这种特征是强化网络并对已有“点-轴”系统的延伸，能提高区域各节点、各区域面之间，特别是节点与区域面之间生产要素交流的深度与广度，促进地区一体化发展，特别是城乡一体化发展。针对这一特征，落后地区应采取增长极开发模式，发展中地区应采取“点-轴”开发模式，而发达地区应采取网络开发模式[1]。需要注意的是“点-轴-网”阶段性特征强调体育设施布局网络模式的终极性，体育设施建设布局的最终归宿是“点-轴-网”的建构，增长极模式和“点-

① 王荣成，丁四保．关于我国区域经济地理学和区域经济学融合发展的思考［J］．人文地理，2005（6）：23-28.

轴”模式仅是体育设施建设布局的阶段模式。从城市发展的历程来看，随着经济社会的发展，任何制度落后地区都是向发达层面发展的。落后地区或是旧城区改造体育设施建设布局采取“增长极”开发模式最为合适，中等发达程度城区或是新开发地区体育设施建设布局则应采用“点-轴”模式，发达地区或是城市群体育设施建设布局的最佳选择是网络开发模式。

（2）等级性特征

随着社会经济和群众体育事业的发展，城市体育设施建设布局的注意力逐渐转向低级别的发展轴和发展中心上。发展轴逐步向群众体育发展较差的区域延伸，以前未被列为发展中心的新建或改（扩）建体育设施被规划为次一级的发展中心，以此作为新的增长极。这样，次一级的发展中心和发展轴形成了第二级“点-轴-网”。随着体育社会化进程的推进，会形成第三级、第四级“点-轴-网”。不同级别的体育设施中心在其功能上表现出来的利用规模、技术水平、设施辐射范围等方面是不同的。因此，不同等级的体育设施增长中心和发展轴组成了不同等级的“点-轴-网”。城市或区域“点-轴-网”是由不同等级的“点-轴-网”组成的综合空间网络。这种由不同等级体育设施增长中心和发展轴组成不同等级“点-轴-网”表现出来的等级性就是“点-轴-网”另一个非常鲜明的特征。“点-轴-网”等级性特征是“点-轴-网”类型生成的依据，“点-轴-网”类型划分是以体育设施配置体系为标准的，按照城市行政区划分为市级、区级、社区级、居住区级。所以说，上述“点-轴-网”等级性表现形式（第一级“点-轴-网”、第二级“点-轴-网”、第三级“点-轴-网”、第四级“点-轴-网”）是与市级、区级、社区级、居住区级“点-轴-网”一一对应的。值得一提的是，每一级“点-轴-网”不是独立存在的，而是依附彼此间内在的行政隶属关系成为一体的。以大型体育设施中心作为“点”，以交通设施线作为发展轴是“点-轴-网”等级性的显著标志。不同等级的“点-轴-网”对应的体育设施中心和交通设施线是不同的。因而，“点-轴-网”等级的划分关键在于确定“点”和发展轴。

（3）空间可达性特征

可达性的概念由汉森首次提出，之后在城市规划、交通地理、区域研究等领域得到广泛关注[①]。空间可达性是指一个区域（国家、地区、城市、线状和点状基础设施）与其他相关区域（同样包括国家、地区、城市、线状和点状基础设施）进行物质、能量、人员交流的方便程度、便捷程度[②]。在“点-轴-网”空间模式发展过程中，体育设施通过多个扩散点，以线状基础设施束（交通设施束）作为扩散通道，渐进式向周边区域扩散体育设施流（主要指影响体育设施建设布局的要素），随着扩散距离的延伸，渐次形成强度和规模递减的新体育设施集聚点，同时，多个扩散渠道渐次延伸，相互联结构成新的发展轴。随着社会体育事业的发展，发展轴线不断延伸，新的体育设施聚集点渐次产生。“点-轴-网”向次级“渐进式”形成的过程中，上一等级“点-轴-网”对次级“点-轴-网”的影响是通过渐进式空间扩散作用产生的，这种影响是“点-轴-网”发展过程良性延续的机制，其影响是通过空间可达性等体现的。空间可达性是“点-轴-网”重要的特征。空间可达性是影响“点-轴-网”发展的重要因素，提高空间可达性是城市或是区域“点-轴-网”发展目标，也是“点-轴-网”后续发展的前提条件。渐进式空间扩散是空间可达性体现的关键动因，同时，空间可达性要求“点-轴”空间结构依赖渐进式空间扩散。体育设施点的空间可达性不是体现在周边若干交通线的相互连接方面，而是在“点-轴”空间结构模式作用下，通过能够输送体育设施流的特定交通线通道的合理衔接，反映整体区域的空间可达性。因此，“点-轴-网”空间结构具有显著的空间可达性特征。一方面空间可达性明确了发展轴确定的具体要求，即发展轴是体育设施流的特定通道；另一方面发展轴对于“点-轴-网”空间结构的有效连接作用将直接关系到“点-轴-网”空间结构的科学性和合理性，影响区域“点-轴-网”空间结构的格局和发展方向。

（4）位置级差地租特征

等量资本投资于等面积的不同等级的土地上所产生的利润不相同，

① 姜招彩，徐建刚，王振波，等. 基于空间可达性的城市经济发展研究——以扬中市为例［J］. 河南科学，2008，(12)：1559-1563.

② 陆大道. 区域发展及其空间结构［M］. 北京：科学出版社，1995.

因而所支付地租也就不同，这样的差别地租就是级差地租。位置不同而产生的级差地租就是位置级差地租[①]。市场供需关系决定地价，能够支付最高地价的产业部门就可以使用地价最高的土地。地价最高的区域位于城市的中心地带，对于北京、上海、广州一类的特大城市呈现出城市多中心的区域特征，在城市中心集聚着政治文化、商业、金融中心以及大型城市交通设施等社会经济客体，高级住宅及知名中外企业也围绕在其周边。地租随着距离城市中心距离的变化而出现递减变化。“点-轴-网”的第一级发展中心往往具备很强的集聚扩散能力，对周边区域大众体育的开展能够起到发展源泉与对外扩展的作用，第一级发展中心通常为市级体育场馆，如北京的“鸟巢”“水立方”等。从第一级发展中心位置级差地租的特征取向来看，区位选择如果是城市的中心区域，第二级发展中心、第三级发展中心区位的选择就会形成距离城市中心区域渐远的布局模式。位置级差地租和交通费都与空间摩擦关联，两者合计的费用即距离摩擦费用最小点是所有经济活动追求的最佳区位点[②]。

市级体育设施区位的选择大多表现为两种情况：一是计划经济时代的市级大型体育场馆的区位选择在城市中心区域；二是市场经济时代的新建市级大型体育场馆区位选择在城市近郊区。这两种情况存在体育场馆利用和管理经营的问题，前者是由于管理经营不善体育场馆自身的利润低于体育场馆所占土地的地租，使得体育场馆难以进行后续发展；后者是违背了“点-轴-网”固有的位置级差地租特征，使得不同级别的发展中心不能发挥渐进式扩散的联动作用，从而影响“点-轴-网”的构建。“点-轴-网”的位置级差地租特征决定着体育设施发展中心区位的选择，换言之，利用位置级差地租是体育设施建设区位选择的重要因素之一。

（5）地理信息特征

地理信息系统（GIS）是经济地理学最为重要的研究工具。“点-轴-网”是基于经济地理学相关理论提出的，因而GIS也可以作为“点-轴-

① 佚名.级差地租概念产生形成过程特点分类经济生活——级差地租知识大全［EB/OL］.［2009-06-09］.http：//www.qqywf.com/view/b_6417326.html.

② 张文忠. 大城市服务业区位理论及其实证研究［J］. 地理研究，1999（3）：273-281.

网”的研究工具。GIS是地图应用借助计算机科学发展形成的技术系统，包括计算机硬件、软件以及研究方法。该系统通过对空间数据的采集、管理、处理、分析、建模和显示完成地图浏览、信息查询、图表统计等功能。在国土管理、城市管理、公共设施管理等领域，GIS能够及时、准确提供经济客体的空间和动态地理信息，为管理、规划以及决策工作奠定科学信息基础。城市各级体育设施发展中心与交通基础设施发展轴通过GIS可以充分表现出“点-轴-网”的地理信息特征。

地理信息特征有利于“点-轴-网”的构建与管理。胡卫红（2009）利用体育设施网的地理信息特征对全运会比赛场馆进行管理，使得比赛场馆的空间可达性得到最大发挥，保证赛事顺利完成。毕红星（2012）以“点-轴-网”地理信息特征为依据，对大连市体育设施建设布局状况进行分析，得出大连市级体育设施建设布局的空间结构与“点-轴-网”的理论模式不相符的结论[①]。具体表现如下：沿渤海第一级发展轴和“哈大”第一级发展轴上没有规划建设市级体育设施，黄海第一级发展轴上市级体育设施数量不足，大外环第一级发展轴上市级体育设施数量严重缺乏，城市第一级发展轴与第二级发展轴缺失渐进式扩散效应的空间结构本质属性。“点-轴-网”通过GIS表现出的地理信息特征是带有经济地理学属性的特征，这种特征不仅可以为“点-轴-网”构建提供科学依据，而且可以为“点-轴-网”后续的管理与完善提供动态反馈。

4）“点-轴-网”理论的运用

（1）国外“点-轴”开发模式的分析

①美国西部“点-轴”开发模式

美国西部开发又称为美国西进运动，这场大规模的社会经济活动具有移民迁徙、领土扩张、由东向西的经济开发等特征。从经济地理学视角来看，这场空前的经济开发是“点-轴”开发模式的典型范例。

美国西部开发整体格局中的增长极是由诸多经济技术与地理环境等影响要素相互作用，进而集聚形成的。在一定区域范围内发挥着聚集与

---

① 毕红星．“点-轴系统”理论与城市公共体育设施建设布局［J］．上海体育学院学报，2012，36（6）：29-32；38.

扩散作用，对周边区域经济的发展起到辐射作用。美国西部增长极的形成与西部经济条件和特点是密切相关的。18世纪末美国独立后，对西部进行了大规模的开发建设，同时大量的移民向西部迁徙，这些移民为美国西部增长极的形成提供了经济建设中必不可少的劳动力。西部丰富的物产资源是增长极形成必不可少的物质基础。此外，当时美国南部的奴隶主、北部的土地投机商以及外国的商人将大量的资本投入西部的开发中，这无疑为西部增长极的形成注入了雄厚的资本基础。

美国向西部进行的大规模土地扩张，使得版图得以大幅度扩大。伴随着农业、工业大规模的发展以及大量移民的西进，铁路建设得到快速发展，以公路和运河为主的交通干线建设得到全面改观。19世纪末，美国已建成横贯大陆北中南三条铁路干线，铁路总长达30万英里。横贯西部大陆的交通干线在西部大开发中起着重要的作用。在西部大开发中起着重要连接作用的交通干线就是"点-轴"系统中的开发轴。

美国西部大开发的过程是以增长极为中心，以集聚与扩散作用对周边区域产生辐射影响，通过以铁路与公路干线为主的开发轴的连接作用，形成西部的"点-轴"系统开发模式。

②鲁尔工业区"点-轴-网"开发模式

鲁尔工业区是德国的工业区，被称为欧洲工业心脏。位于鲁尔区南部鲁尔河流域的地区是鲁尔区工业布局最为集中的区域，该区域工厂与居住区聚集在一起，由分布密集的交通干支线连接，形成鲁尔区发达的经济区（带）。鲁尔区内分布着20多个城市，拥有70多个不同规模的河港[①]。这些河港形成了鲁尔经济区的增长极。莱茵河从南北方向穿过鲁尔经济区，区内有多条发达的运河，运河将区内莱茵河、利珀河、鲁尔河和埃姆斯河连通，构成了水运条件便利的运河网。鲁尔区内的铁路、公路以及高速公路多为东西走向，穿行于鲁尔区内，是连接区内各个工业区的纽带，与内河水运线路共同构成鲁尔区的交通线路网。这些基础交通设施束是鲁尔区"点-轴"空间布局的发展轴。在增长极和发展轴

① 佚名.莱茵河沿河工业带开发的"点-轴-面"模式［EB/OL］.［2011-04-10］. http://news.changsha.cn/cszt/201104a/10/5/2/201104/t20110421_1245619.htm.

逐渐形成的基础上，以煤炭和钢铁生产为基础、以电子计算机和信息产业技术为龙头、多种行业协调发展综合产业集群在增长极上集聚发展，通过发展轴向周边区域扩散辐射，继而形成鲁尔经济区的“网”。鲁尔经济区是以采煤业为主的工业区，依托莱茵河流域丰富的物产资源，在经过政府对其产业结构以及产业布局进行合理调整之后，使得鲁尔经济区的多个产业在德国和欧洲均占有重要的经济地位。

（2）国内“点-轴”开发模式的分析

①长三角区域“点-轴”布局模式

长三角城市群包括16个城市，分别是上海、江苏省8个城市（南京、苏州、无锡、常州、镇江、南通、扬州、泰州）、浙江省7个城市（杭州、宁波、湖州、嘉兴、绍兴、舟山和台州）[①]。长三角区域的空间布局呈现出“点-轴-网”空间结构的特点，存在由点到轴，再到网络化发展的空间演变过程[②]。其一级增长极分别是上海、南京、杭州；一级发展轴是连接3个一级增长极的航空、铁路、水路、公路以及高速公路，主要是以铁路运输和江河运输为主干道的综合交通通道。二级增长极则是长三角区域包括的13个地级城市；二级发展轴是依附于一级发展轴的连接各个二级节点城市的水路、高速公路、铁路等交通次干线。随着一级、二级点与轴的建立，各级发展轴与其相互交错而成的腹地共同构成网。“点-轴-网”开发模式下的长三角区域是我国经济发展强劲、潜力巨大的经济区域，具备世界性城市群的发展规模，已经形成较为发达的网络化现代交通体系，随着新兴产业的发展与产业结构布局的优化，长三角区域具有更加强势的国内乃至国际经济辐射影响力。

②珠江三角洲“点-轴”开发模式

珠江三角洲被称为珠三角，是珠江入海泥沙沉积而成。《珠江三角洲地区改革发展规划纲要（2008—2020年）》指出：“本规划纲要的规划范围是，以广东省的广州、深圳、珠海、佛山、江门、东莞、中山、

---

① 百度百科．长江三角洲［EB/OL］．［2007-10-06］．http：//baike.baidu.com/view/48994.htm?from_id=3288923&type=syn&fromtitle=%E9%95%BF%E4%B8%89%E8%A7%92&fr=aladdin.

② 杜丽菲，徐长乐，郭小兰，等．长三角地区区域空间结构发展模式分析［J］．山西师范大学学报（自然科学版），2008（1）：113-116.

惠州和肇庆市为主体，辐射泛珠江三角洲区域，并将与港澳紧密合作的相关内容纳入规划。”[①]珠三角经济区的发展与我国香港和澳门有着很密切的关系，因此，珠三角经济区包括香港和澳门。珠三角经济区在规划时被分为三个组团，即广佛肇，深莞惠，江中珠。珠三角经济区是国家改革开放的先行区，从GDP的数值来看，珠三角经济区在国家社会经济发展战略中占有重要的地位。在珠三角三大经济组团与9个地级城市的空间结构中，不同的组团和城市的节点就是“点-轴-网”系统中不同级别的点。发达的城轨、铁路、高速公路、航空线路以及水路等交通设施将珠三角区域内的各个节点城市连接起来，促进了各级增长极的扩散。

4.1.5 小结

“点-轴-网”的构建实际上是对体育场馆设施的区位选择与空间结构布局，使其在各自的区域发挥最大的效益，提高城市（城乡）体育场馆设施的利用率，完善城乡体育场馆设施建设布局一体化发展体制机制，实现城乡区域体育场馆设施资源协调互动发展。因此，对“点-轴-网”的理论与实践进行研究不仅可以丰富我国体育场馆设施建设的理论，也可以为全民健身服务体系的构建提供理论依据。

4.2 影响第十三届全运会体育场馆建设的因素分析

4.2.1 城市体育场馆建设影响因素的认知

产业建设影响因素是产业建设时要求外部空间的匹配条件。产业建设影响因素对于一个产业在区域范围内存在与发展的合理程度起着决定作用，对于产业未来发展具有指向性的作用。体育场馆隶属于体育产业范畴，是体育产业的一个重要分支。体育场馆建设影响因素分析对于发挥体育场馆的社会效益和经济效益具有重要意义。

① 珠江三角洲地区改革发展规划纲要（2008—2020）[EB/OL]. http://www.sina.com.cn.

本章涉及的体育场馆建设影响因素主要包括地理、社会、经济、本位以及其他维度。

1）地理维度

地理影响因素主要是指来自产业外部空间的相关影响因素。体育场馆受地理因素影响发生在其建设阶段，体育场馆在其运营阶段受到地理因素的影响是相对较小的。体育场馆建设与其空间选址是同步完成的，所以体育场馆建设受地理因素影响较为明显。原玉杰（2007）认为体育场馆在选址上应考虑利用天然地形和自然条件。可见，选址工作是体育场馆建设与地理因素产生影响关系的重要环节，在选址过程中对地理影响因素进行充分、全面考虑是非常必要的。

2）社会维度

影响产业建设的社会因素主要包括人口和体育人口等，影响产业建设的经济因素主要包括经济发展水平、市场需求及经济区位等。体育场馆的建设就是要满足人的健身、休闲、赛事欣赏、娱乐等需求，这样的功能特征决定体育场馆必须建设在人口数量较多的区域，并且这个区域的经济发展水平相对较高。人口数量因素对体育场馆建设的影响作用较为粗略，指向性较为含糊。相比较而言，人口密度则可以科学准确地把一定面积范围内人口数量反映出来。体育场馆建设考虑的是一个地区内若干个具体位置的人口数量状况，而不是仅仅考虑人口数量。人口密度指标值小的地区群众对体育健身等方面需求状况的分布相对较为离散，健身需求的集中程度较差，偏远地区和广大农村地区体育场馆分布较少。体育场馆建设一般选择在人口密度较大的区域。

体育人口是影响体育场馆建设社会因素中的另一个方面。体育人口是指在一定时间内经常参与体育健身并能够统计数量的社会群体。体育人口是社会体育发展的一种现象，是评价社会体育发展水平与发达程度的体育社会学指标。它是一个地区在一定时间内群众体育发展策略研究的重要依据。体育场馆建设必然要考虑体育人口指标。

3）经济维度

经济发展水平、市场需求以及经济区位是影响体育场馆建设的主要因素。经济发展水平是指一个地区经济发展状况与经济发展的发达程度。财政水平是城市经济发展水平的重要体现。市场需求是人对行为活动需求的集中意向表达。市场使得产业发展规模符合人的需求，达到动态平衡。市场在这个过程中发挥着重要的调节作用。市场的需求反映了人们对体育场馆的需求，是加大体育场馆建设力度的潜在动力。体育场馆建设受经济区位因素的影响作用是较为显著的。社会客体的经济区位是由客体所处经济聚集系统的聚集效应体现出来的。经济聚集系统是较为成熟的集城市市政设施（水利、电力、供热、通信信息等）、交通设施、公共服务设施以及商圈等于一体的聚合体。

4）本位维度

影响产业建设的技术因素主要包括改变产业结构和对自然资源的利用程度。这里的技术因素就是本章所提出的本位因素。本位因素包括与体育场馆建设相关的体育学范畴内的主要因素。具体来说，体育场馆功能设计与自然资源利用等对体育场馆建设都会产生重要的影响。在体育场馆多功能设计理念下，体育场馆的比赛区域、练习区域、休息区域以及相关的广播、音响、电视转播、空调等设备的布置需要进行科学合理的规划。科学合理地利用自然资源可以使得体育场馆的建设符合城市的地域特征与特色，体现体育场馆建设的环境效益。

另外，群众体育发展和大型赛事举办等因素也包含在本章的因素之内。体育场馆在全民健身体系中发挥着重要的支撑作用。大型赛事的举办能够拉动城市体育场馆建设。体育场馆作为竞赛表演市场的物质载体，除了成功地完成大型赛会的任务要求，赛后还为城市全民健身体系的构建提供了必要支撑。

5）其他维度

影响城市体育场馆建设的因素还包括城市规划、交通因素、城市化水平。我国体育场馆建设的重要依据是城市总体建设规划。城市总体建设规划对城市体育场馆建设起着指向作用，决定城市体育场馆建设的方向。影响体育场馆建设的交通因素主要指体育场馆周边的路网状况以及体育锻炼参与者到达体育场馆目的地的交通方式。体育场馆周边的交通路网状况决定到达体育场馆所在地的行程距离与所用时间。体育场馆周边的路网状况通常以可达性指标来衡量。交通方式是指使用交通工具的方式。城市化水平是衡量一个国家或地区的城市化最主要的指标，通常由城镇人口占总人口的比重表示。城乡发展一体化是提高城市化水平的主要路径。

4.2.2 城市体育场馆建设影响因素的确定

通过查阅文献，拟定城市体育场馆建设影响因素指标，进行专家访谈，获取有关影响因素指标，同时进行题总、题项与鉴别度分析，进而形成城市体育场馆建设影响因素问卷专家调查表。专家问卷发放50份，回收41份，回收率为82%。调查专家信息情况见表4-1。依据Likert量表5点（非常重要、重要、一般重要、不重要和非常不重要）计分法对影响因素进行选择，见表4-2。

表4-1 **城市体育场馆建设影响因素问卷调查专家信息一览表**

性别		年龄			职称	
男	女	≦30岁	31~49岁	≥50岁	副教授	教授
27	14	1	12	28	10	31

表4-2 **城市体育场馆建设影响因素表**

序号	影响因素	总分	均分	指标表述
1	城区面积	138	3.36	指城市行政规划形成的区域面积
2	年平均气温	111	2.71	指12个月的月平均气温累加后再平均
3	造林面积	117	2.86	指在宜林地上通过人工措施形成的森林、林木、灌木林的面积
4	城市人口密度	147	3.58	指单位城市面积的人口数量
5	人口受教育程度	143	3.48	指受教育程度为大专及以上人口数量
6	晨晚练站（点）每天相对稳定的活动人数	162	3.94	可以反映出城市体育人口状况

续表

序号	影响因素	总分	均分	指标表述
7	财政收入	150	3.67	地区财政收入是由地区税收收入和非税收收入构成的
8	居民消费支出	114	2.77	指常住住户在一定时期内对于货物和服务的全部最终消费支出
9	城市绿地面积	160	3.91	指生长草本植物为主的土地面积
10	待开发土地面积	119	2.91	指房地产开发企业经有关部门批准，通过各种方式获得土地使用权，但尚未开工建设的土地面积
11	城市体育组织的数量	116	2.83	指体育社团（包括项目和人群协会）、体育民办非企业单位、体育基金会、自发性群众体育组织（包括健身活动站点、团队、网络组织等）等以发展群众体育为目的非营利性组织的数量
12	城市体育活动的数量	114	2.79	指城市体育组织组织的群众性体育活动的数量
13	城市建成区面积	152	3.71	指城市行政区内实际已成片开发建设、市政公用设施和公共设施基本具备的区域
14	年末公共交通车辆运营数	163	3.98	指年末城市用于公共交通运营业务的全部车辆数
15	年末实有道路长度	161	3.92	指年末城市道路长度和与道路相通的桥梁、隧道的长度，按车行道中心线计算
16	城市化水平	143	3.11	是衡量城市化发展程度的数量指标，一般用一定地域内城市人口占总人口比例来表示

为了有效地把握影响因素的准确性与合理性，将均分低于3的6个

影响因素指标（年平均气温、造林面积、居民消费支出、待开发土地面积、城市体育组织的数量、城市体育活动的数量）剔除。

4.2.3 城市体育场馆建设影响因素的计量分析

1）数学模型的构建

根据计量经济学的原理，结合上述影响因素分析，影响体育场馆建设的主要因素数学模型为：

$$Y=b_0+b_1X_1+b_2X_2+\cdots+b_kX_k$$

具体为：

建设场馆数量$=b_0+b_1$地理因素$+b_2$社会因素$+b_3$经济因素$+b_4$本位因素

按照数学模型量化的要求，选取一些能够量化的指标代表每个影响因素。计量模型中的因变量“建设场馆数量”选取新建、改（扩）建体育场地的场地面积来替代，新建、改（扩）建体育场地分布在广场公园、校园、乡镇、小区街道、机关企事业单位、村庄以及其他场所。地理维度方面，地理条件和地理资源考量指标选取地区土地面积。社会维度方面，人口因素以人口密度和人口受教育程度两个指标来衡量，通常人口密度指单位面积的人口数量，人口受教育程度指学历为大专及以上的人口数量。体育人口影响因素选取反映晨晚练基本情况的站（点）每天相对稳定的活动人数指标来衡量。经济维度方面，选取与体育场馆建设较为密切的经济学指标——地区财政收入作为考量指标。地区财政收入是由地区税收收入和非税收收入构成的。本位维度方面，主要涉及体育场馆产业结构优化与利用自然资源的情况，在全民健身活动中，公园及广场等公共用地成为健身休闲的好去处。在此，选取城市绿地面积作为评级指标。其他维度方面，首先，涉及城市规划的因素有很多，城市建成区面积指标可以体现出城市规划对于体育场馆建设的影响程度。其次，交通因素选取城市市政设施中的年末实有道路长度来说明交通因素的路网状况。再次，选取城市公共交通范畴内的年末公共交通车辆运营数作为评价交通因素的指标。最后，选取城市化水平作为城市化影响因素的衡量指标。新建、改（扩）建体育场馆的场地面积影响因素见表4-3。

表4-3　　新建、改（扩）建体育场馆的场地面积影响因素

影响维度	变量序号	影响因素指标
地理维度	X_1	城区面积（平方千米）
社会维度	X_2	城市人口密度（人/平方千米）
	X_3	受教育程度为大专及以上人口数量
	X_4	晨晚练站（点）每天相对稳定的活动人数
经济维度	X_5	地区财政收入（亿元）
本位维度	X_6	城市绿地面积（公顷）
其他维度	X_7	城市建成区面积（平方千米）
	X_8	年末公共交通车辆运营数（辆）
	X_9	年末实有道路长度（千米）
	X_{10}	城市化水平（%）

以上影响因素的指标确定后，影响体育场馆建设的主要因素数学模型具体可以转变为：

新建、改（扩）建体育场馆的场地面积 $=b_0+b_1$城区面积$+b_2$城市人口密度$+b_3$受教育程度$+b_4$晨晚练人数$+b_5$地区财政收入$+b_6$城市绿地面积$+b_7$城市建成区面积$+b_8$年末公共交通车辆运营数$+b_9$实有道路长度$+b_{10}$城市化水平

表4-4为各影响因素的指标数据。

2）数学模型的回归分析

本章采用SPSS24.0软件对体育场馆建设影响因素进行多元线性回归。在完成数据预处理的基础上，根据图4-2得出的回归系数，上述的数学模型具体变为：

新建、改（扩）建体育场馆的场地面积 $=-4.830-0.157$城区面积$+0.108$城市人口密度$+0.446$受教育程度$+0.413$晨晚练人数$+0.143$地区财政收入$+0.881$城市绿地面积-1.181城市建成区面积-1.139年末公共交通车辆运营数$+1.491$年末实有道路长度-0.062城市化水平

表4-4 **影响体育场馆建设因素的指标数据**

省份	城区面积（平方千米）	城市人口密度（人/平方千米）	受教育程度为大专及以上人口数量	晨晚练站（点）每天相对稳定的活动人数	地方财政收入（亿元）	城市绿地面积（公顷）	城市建成区面积（平方千米）	年末公共交通车辆运营数（辆）	年末实有道路长度（千米）	城市化水平（%）	新建、改（扩）建体育场馆的场地面积（平方米）
北京	12 187	1 428	5 597	1 166 389	3 006.28	63 540	1 231.3	24 478	6 258	86.2	0
天津	2 334.5	2 636	2 313	302 616	1 455.13	21 728	710.6	7 954	5 991	80.5	0
河北	6 627	2 362	3 045	720 326	1 737.77	71 103	1 684.6	15 503	12 286	45.6	44 962
山西	3 400.8	2 977	2 347	745 296	1 213.43	32 513	956.9	7 226	6 059	49.68	0
内蒙古	10 996.7	764	2 532	1 093 746	1 356.67	41 059	1 077	5 646	6 782	56.62	165 644
辽宁	12 821.7	1 712	4 500	701 213	2 643.15	95 968	2 276.5	20 514	14 468	64.05	24 015
吉林	4 718.2	2 371	2 031	564 300	850.1	38 740	1 271	10 521	7 687	53.4	27 600
黑龙江	2 653.2	5 146	2 945	533 799	997.55	72 166	1 678.6	14 241	10 629	56.5	181 763
上海	6 340.5	3 702	4 063	158 769	3 429.83	122 283	998.8	19 488	4 708	89.3	0
江苏	13 272.3	2 013	7 651	1 889 150	5 148.91	237 486	3 493.8	29 655	32 491	61.9	754 529
浙江	10 484.3	1 741	5 547	1 213 819	3 150.8	105 200	2 221.1	21 927	16 819	62.3	223 373

续表

省份	城区面积（平方千米）	城市人口密度（人/平方千米）	受教育程度为大专及以上人口数量	晨晚练站（点）每天相对稳定的活动人数	地方财政收入（亿元）	城市绿地面积（公顷）	城市建成区面积（平方千米）	年末公共交通车辆运营数（辆）	年末实有道路长度（千米）	城市化水平（%）	新建、改（扩）建体育场馆的场地面积（平方米）
安徽	5 572.9	2 265	3 218	254 895	1 463.56	75 977	1 597.7	11 035	10 854	44.8	105 667
福建	4 481.4	2 306	3 583	371 122	1 501.51	50 802	1 130	11 203	7 238	58.1	85 810
江西	1 890.7	4 527	2 536	321 376	1 053.43	45 063	1 019.9	7 297	6 086	45.7	93 212
山东	20 157.6	1 389	6 885	1 132 410	3 455.93	165 577	3 751.2	31 230	34 681	50.95	223 750
河南	4 213.7	5 124	5 612	577 262	1 721.76	69 596	2 098.1	17 601	9 859	40.57	1 700
湖北	9 049.2	1 969	5 181	476 835	1 526.91	62 062	1 811.6	16 590	14 887	51.83	170 538
湖南	4 602.4	2 908	4 114	379 900	1 517.07	49 593	1 408	12 600	9 893	45.1	72 173
广东	17 957.2	2 637	8 852	1 419 478	5 514.84	410 600	4 829.3	51 736	42 875	66.5	575 191
广西	5 789.1	1 569	3 172	535 226	947.72	64 461	1 014.4	7 208	6 823	41.8	211 547
海南	850.1	2 639	526	66 322	340.12	49 784	238	2 356	2 013	50.5	7 510
重庆	5 696.6	1 830	2 696	590 671	1 488.33	43 854	1 034.9	8 118	5 435	55.02	109 656

续表

省份	城区面积（平方千米）	城市人口密度（人/平方千米）	受教育程度为大专及以上人口数量	晨晚练站（点）每天相对稳定的活动人数	地方财政收入（亿元）	城市绿地面积（公顷）	城市建成区面积（平方千米）	年末公共交通车辆运营数（辆）	年末实有道路长度（千米）	城市化水平（%）	新建、改（扩）建体育场馆的场地面积（平方米）
四川	5 999	2 782	5 338	1 431 407	2 044.79	77 406	1 788.1	17 699	10 192	41.83	64 149
贵州	1 673.8	3 502	2 232	245 091	773.08	30 521	508.3	4 879	2 419	34.96	36 863
云南	2 084.6	3 811	2 558	211 891	1 111.16	31 940	804.1	7 531	4 569	36.8	232 519
西藏	948	515	117	1 027	54.76	2 943	89.7	366	378	22.71	0
陕西	1 373.4	5 821	3 050	306 459	1 500.18	28 164	809	10 692	4 964	47.3	74 467
甘肃	1 436.6	3 824	1 816	441 131	450.12	16 337	655.6	4 965	3 503	37.15	288 806
青海	512.3	2 487	405	10 005	151.81	3 894	122.1	2 038	738	46.22	23 792
宁夏	2 063.5	1 147	452	108 506	219.98	18 399	371.3	2 570	1 832	49.82	53 564
新疆	1 429.7	4 563	2 433	46 492	720.43	44 097	921.8	7 723	5 476	43.54	4 350

数据来源：作者根据相关资料整理。

由回归分析得出，$F=8.238$，$P<0.01$，方程总体呈现非常显著，所以认为上述回归方程在总体上存在显著的线性关系。从整体来看，回归方程的拟合度（R^2）为0.805，说明回归方程中各个因素的整体影响是比较显著的。

方程各个自变量的t值分别为−0.435、0.622、1.061、2.130、0.321、2.262、−1.585、−2.138、2.535、−0.367。P值分别为0.668、0.541、0.301、0.046、0.751、0.035、0.129、0.045、0.020、0.718。自变量中晨晚练站（点）每天相对稳定的活动人数、城市绿地面积、年末公共交通车辆运营数、年末实有道路长度的P值均小于0.05，说明晨晚练站（点）每天相对稳定的活动人数、城市绿地面积、年末公共交通车辆运营数、年末实有道路长度的影响较为显著，对政府援建体育场馆的数量的影响较大。其余6个自变量的P值均大于0.05，说明城区面积、城市人口密度、受教育程度为大专及以上人口数量、地区财政收入、城市建成区面积、城市化水平对因变量具有一定的影响，但是影响作用不显著。

综上所述，各个因素对新建、改（扩）建体育场馆的场地面积具有正向的和反向的影响作用。一方面，城区面积、城市建成区面积、年末公共交通车辆运营数以及城市化水平对新建、改（扩）建体育场馆的面积有反向的影响作用，即这几个指标的减小可以使新建、改（扩）建体育场馆的面积得到增加。尤其是年末公共交通车辆运营数的减少会对新建、改（扩）建体育场馆的场地面积的增加起着较为显著的作用（$P<0.05$），即年末公共交通车辆运营数减少1辆，新建、改（扩）建体育场地的面积就增加1.139平方米体育场地。城市化水平的减少对新建、改（扩）建体育场馆的场地面积增加的影响相对小一些，即城市化水平降低1%，新建、改（扩）建体育场馆的面积就增加0.062平方米。另一方面，影响因素中城市人口密度、受教育程度、晨晚练站（点）每天相对稳定的活动人数、地区财政收入、城市绿地面积以及年末实有道路长度对新建、改（扩）建体育场地的面积起正向的影响作用。这几个指标的增加会使新建、改（扩）建体育场地的面积得到增加。尤其是晨晚练站点每天相对稳定的活动人数、城市绿地面积、年末实有道路长度3个指标的增加会对新建、改（扩）建体育场地的面积的增加起到较为显著的作用（$P<0.05$），即晨晚练站（点）

每天相对稳定的活动人数增加1人、城市绿地面积增加1公顷、年末实有道路长度增加1千米，新建、改（扩）建体育场馆的面积分别就会增加1平方米。城市人口密度的增加对新建、改（扩）建体育场馆面积的影响相对较小，城市人口密度增加1人/平方千米，新建、改（扩）建体育场馆的面积会增加0.108平方米。图4-2为回归分析系数。

系数[a]

模型		非标准化系数		标准系数	t	P
		B	标准误差	试用版		
1	（常量）	-4.830E-16	0.097		0.000	1.000
	Zscore：地区面积（平方公里）	-0.157	0.361	-0.157	-0.435	0.668
	Zscore：城市人口密度（人/平方公里）	0.108	0.174	0.108	0.622	0.541
	Zscore（受教育程度为大专及以上人口数量）	0.446	0.421	0.446	1.061	0.301
	Zscore（晨晚练站（点）每天相对稳定的活动人数）	0.413	0.194	0.413	2.130	0.046
	Zscore（地区财政收入（亿元））	0.143	0.445	0.143	0.321	0.751
	Zscore（城市绿地面积（公倾））	0.881	0.389	0.881	2.262	0.035
	Zscore（城市建成区面积（平方公里））	-1.181	0.745	-1.181	-1.585	0.129
	Zscore（年末公共交通车辆运营数（辆））	-1.139	0.533	-1.139	-2.138	0.045
	Zscore（年末实有道路长度（公里））	1.491	0.588	1.491	2.535	0.020
	Zscore：城市化水平（%）	-0.62	0.170	-0.062	-0.367	0.718

a.因变量：Zscore（新建、改（扩）建体育场地面积（平方米））

图4-2 回归分析系数

资料来源：SPSS24.0软件截图。

4.2.4 小结

经过专家调查与计量分析得出的10个影响因素中，年末公共交通车辆运营数与新建、改（扩）建体育场馆的面积具有显著的负相关关系，晨晚练站（点）每天相对稳定的活动人数、城市绿地面积以及年末实有道路长度3个指标对新建、改（扩）建体育场地的面积具有显著的正相关关系。这说明，城市交通方式的状况、体育人口状况、自然资源利用程度以及交通路网状况对体育场馆建设具有非常重要的影响作用。

4.3 构建天津市全运会体育场馆建设的“点-轴-网”模式

4.3.1 点、轴、网三要素分析和天津全运会体育场馆建设的关系

体育场馆建设隶属于体育产业类别之一。对体育场馆进行科学的空间布局是加快发展体育产业、促进体育消费的重要举措之一。进行体育场馆空间布局具有重要的现实意义。

梳理国内外体育场馆空间建设领域的研究可以发现，在研究观念上，体育场馆空间布局的理论研究已经开始涉及经济地理学；在研究内容上，经济地理学的理论渗透到体育场馆空间布局研究领域；在研究方法上，逐步采用定量化研究和GIS空间分析研究等方法。

相关文献显示，国内学者以“体育场馆建设的规划、土地供应、经济三大问题”为主题，从体育场馆的内涵和外延，建设的现状、问题及成因，建设的对策和建议等方面，对体育场馆空间建设进行了讨论。但与天津市体育场馆空间建设实践相比，研究观念相对滞后。该领域的研究方法主要为定性的逻辑推理，大部分研究就对象本身进行分析，较少采用跨学科的理论进行定量化研究。

基于“点-轴-网”理论，可以从点、轴、网三要素的视角进行分析，运用空间定量分析法先确定点、再选择轴、最后形成网络，即构建网络布局模式。网络布局的配置体系研究实际上是对体育场馆的区位选

择与空间结构布局，使其发挥最大的效益，提高城市体育场馆的利用率，实现区域体育场馆资源协同互动发展，加快发展体育产业，促进体育消费，推动全民健身活动的开展。因此，进行网络布局配置体系的点、轴、网三要素分析不仅可以丰富我国体育场馆空间建设理论，而且也可以为全民健身服务体系的构建提供实践支撑。加强天津市体育场馆点、轴、网三要素的分析，构建“点-轴-网”模式是体现天津市全运会体育场馆建设经济效益、社会效益和环境效益最大化的最佳方式，也是实现天津市全运会体育场馆建设惠民成效的最佳路径。

本书结合《体育事业统计年鉴》（2017）的数据以及来源于中国国家统计局等网站的数据，运用空间定量分析法对经济的关联值和中心度指标进行定量化计算，研究构建天津市体育场馆网络建设模式，进而使天津市体育场馆建设更加科学化，旨在为实现天津市体育场馆社会效应和经济效应的最大化提供参考。

4.3.2 网络布局的理论分析

1）网络布局模式的界定

经济地理学的增长极模式理论、“点-轴”系统理论、网络开发理论是本章的理论依据。基于相同的集聚与扩散生成机理，增长极模式、“点-轴”系统、网络开发三个理论表现出非常清晰的逻辑递进关系。本章将三个阶段递进发展而形成的动态过程称为网络布局模式。增长极模式理论是20世纪50年代由法国经济学家佩鲁（F·Perroux）提出的[①]。增长极模式理论阐释的是各级中心在一定范围内作用的模式，该模式侧重空间结构的变化过程与相互联系，是较为抽象的空间结构范围内的增长极变化。“点-轴”系统理论是关于社会经济空间结构（组织）的理论之一，是生产力布局、国土开发和区域发展的理论模式。[②]“点-轴”系统理论阐述的是经济客体在一定范围内发展的总体模式，更强调空间变化过程。网络开发理论是“点-轴”理论的延伸，是其进一步发展的必然阶段，是其更高阶段的表现形式。网络是由节点和轴线共同组成的。节点是网络的核心，也是网

① 杨万钟. 经济地理学导论［M］. 上海：华东师范大学出版社，1999.
② 陆大道. 关于“点-轴”空间结构系统的形成机理分析［J］. 地理科学，2002（1）：1-6.

络中扩散作用的发源地。轴线在网络结构中发挥着重要的连接作用，是节点与网面相互衔接的纽带，是网络中各种要素相互流通的通道和载体。

2）网络布局模式类型分析

世界发达国家城市体育场馆空间布局较为成熟，有许多经验可供借鉴。发达国家体育场馆配置体系主要是以美国和日本为代表的两种模式。体育场馆配置体系应当既能与国家规范适应，便于制定各级体育场馆的建设标准，又与行政区划一致，便于实施管理。[①]《城市公共体育运动设施用地定额指标暂行规定》（以下简称《规定》）将体育场馆用地分级为市级、区级、居住区级和小区级。蒋蓉等（2007）认为："参照《规定》，对比国内其他城市建设标准，结合成都市的实际情况，规划将成都市中心城内的体育场馆分四级布置，即市级体育场馆、区级体育场馆、片区级体育场馆、社区级体育场馆。"[②]可见，我国体育场馆配置体系大体包括三、四、五级三种类型，具体为：市-区-社区、市-片区-区-社区、市-区-居住区-社区-镇。

体育场馆的配置体系是不同类型体育场馆在城市范围内布局规划的类别要求。体育场馆类型的划分应该遵循国家规范和城市行政区划的规定与要求。不同类型的网络布局模式应该与城市规划布局标准相符合，不同类型的网络布局模式应该归属于不同级别政府部门管理。因此，网络布局模式的类型必须与城市体育场馆配置体系类型一致。

4.3.3 天津市体育场馆网络建设的配置体系分析

1）点的选择

相关文献中的研究方法对点的科学选择进行了量化研究，这种量化的方法在学术研究层面上是值得借鉴的。本章结合城市体育场馆空间建设的实际情况，试图从定量的视角来分析城市区域空间中点的布局，进而构建网络布局模式。

（1）城市体育经济关联值计算

天津市包括16个区县，各区县的地理位置与职能定位不同，体育经济

① 毕红星. 我国城市公共体育场馆规划布局研究［J］. 成都体育学院学报，2012（4）：34-38.
② 蒋蓉，陈果，杨伦. 成都市公共体育场馆规划实践及策略研究［J］. 规划师，2007（10）：26-28.

水平存在着一定的差异，体育场馆空间建设状况也存在着较大的差异。天津市16个区县之间体育经济存在一定的关联，具体表现为体育资源与体育产业的开发、体育市场的推广、体育场馆的空间布局以及体育产业投融资等体育经济活动的运作。一定数值的关联性称为关联度。关联度具有两方面含义：一方面用来评价区县间体育经济相互联系的程度；另一方面用来衡量区县体育经济的辐射能力。通过计算一个区县与其他区县体育经济关联的数值，并在各个区县中进行排序，可以确定这个区县在城市范围内体育经济的重要程度，进而推断得出该区县在网络布局模式中点的属性。

引力模式理论是指两个城市间相互作用量与两个城市的规模成正比，与城市间距离成反比。[①]王德忠等选取经济联系量化指标，建立经济联系定量分析模型，计算出经济关联强度值，最终分析了上海与周边地区经济联系的区域差异。[②]秦瑞鸿采用类似物理学万有引力定律的计算公式来确定城市间的旅游经济联系强度，用来评价旅游圈各城市旅游经济的相互关联性。[③]康伟基于上述研究成果，对山东半岛各个城市的旅游经济关联值进行了定量研究，得出计算公式为：

$$R_{ij} = \frac{\sqrt{P_i V_i}\sqrt{P_j V_j}}{D_{ij}}$$

其中，P指年旅游总人次，V指年旅游总收入，i指一个城市，j指另一个城市，D指城市i距离城市j的最短公路里程。[④]

通过对体育场馆与旅游经济之间进行对比分析，发现二者存在很大程度的相似性：二者均具有提供社会服务的内在诉求，二者以社会基本单元个体（人）和社会公共资源（旅游资源或体育场馆资源）相互活动为共同的基本形式。本章以上述模型对天津市各区县间的体育场馆经济关联度进行量化分析。在具体研究中，i、j分别代表不同的区县，P代表该区县体育人口数量，V代表该区县文化、体育和娱乐业生产总值，D指i区县距离j区县的最短公路里程。天津市各区公共体育设施经济关联数值见表4-5，各区县公共体育设施经济关联数值排名见表4-6。

---

① 杨万钟. 经济地理学导论［M］. 上海：华东师范大学出版社，1999.

② 王德忠，庄仁兴. 区域经济联系定量分析初探——以上海与苏锡常地区经济联系为例［J］. 地理科学，1996（1）：51-57.

③ 秦瑞鸿. 山东半岛旅游圈双核模式结构分析［J］. 统计与决策，2010（16）：87-90.

④ 张洪，夏明. 安徽省旅游空间结构研究［J］. 经济地理，2011（12）：2116-2121.

表4-5　　天津市各区公共体育设施经济关联数值表

区县	红桥区	河北区	南开区	和平区	河东区	河西区	西青区	津南区	东丽区	北辰区	滨海新区	宁河区	宝坻区	武清区	静海区	蓟州区
红桥区	0	861.23	228.45	189.97	66.91	866.01	15.21	169.88	19.98	17.22	21.77	8.01	11.99	5.02	1.74	3.90
河北区	861.23	0	1 099.78	381.99	114.23	1 530.55	19.96	23.33	23.75	21.99	22.14	11.44	15.01	6.21	2.19	4.54
南开区	228.45	1 099.78	0	324.88	109.16	1 301.77	23.07	47.41	40.56	30.29	41.99	12.08	24.01	9.71	3.25	6.39
和平区	189.97	381.99	324.88	0	122.32	695.75	20.04	12.71	12.99	12.66	29.72	9.19	8.53	3.45	1.09	2.89
河东区	66.91	114.23	109.16	122.32	0	370.08	7.59	4.51	5.11	6.09	8.39	6.29	3.71	1.39	0.51	1.29
河西区	866.01	1 530.55	1 301.77	695.75	370.08	0	44.54	43.54	51.99	60.81	60.22	34.29	36.35	12.96	4.59	11.51
西青区	15.21	19.96	23.07	20.04	7.59	44.54	0	1.31	1.33	1.44	4.11	1.22	1.05	0.51	0.12	0.39
津南区	169.88	23.33	47.41	12.71	4.51	43.54	1.31	0	3.88	1.88	2.39	0.65	1.95	1.06	0.30	0.41
东丽区	19.98	23.75	40.56	12.99	5.11	51.99	1.33	3.88	0	3.39	2.02	0.72	5.87	1.61	0.69	0.69
北辰区	17.22	21.99	30.29	12.66	6.09	60.81	1.44	1.88	3.39	0	1.81	1.13	3.36	0.86	0.35	1.47
滨海新区	21.77	22.14	41.99	29.72	8.39	60.22	4.11	2.39	2.02	1.81	0	1.05	1.44	0.70	0.27	0.51
宁河区	8.01	11.44	12.08	9.19	6.29	34.29	1.22	0.65	0.72	1.13	1.05	0	0.65	0.25	0.09	0.21
宝坻区	11.99	15.01	24.01	8.53	3.71	36.35	1.05	1.95	5.87	3.36	1.44	0.65	0	1.33	1.09	0.79
武清区	5.02	6.21	9.71	3.45	1.39	12.96	0.51	1.06	1.61	0.86	0.70	0.25	1.33	0	0.33	0.29
静海区	1.74	2.19	3.25	1.09	0.51	4.59	0.12	0.30	0.69	0.35	0.27	0.09	1.09	0.33	0	0.15
蓟州区	3.90	4.54	6.39	2.89	1.29	11.51	0.39	0.41	0.69	1.47	0.51	0.21	0.79	0.29	0.15	0

表4-6　　**天津市各区县公共体育设施经济关联数值排名表**

序号	行政区	关联值	排名
1	河西区	5 124.96	1
2	河北区	4 138.34	2
3	南开区	3 302.8	3
4	红桥区	2 487.29	4
5	和平区	1 828.18	5
6	河东区	827.58	6
7	津南区	315.21	7
8	滨海新区	198.53	8
9	东丽区	174.58	9
10	北辰区	164.75	10
11	西青区	141.89	11
12	宝坻区	117.13	12
13	宁河区	87.27	13
14	武清区	45.68	14
15	蓟州区	35.43	15
16	静海区	16.76	16

注：由表4-5整理得出。

（2）城市体育场馆经济关联分析

天津市当前各区县体育场馆空间建设的经济关联状况如下。第一，河西区（5 124.96）、河北区（4 138.34）、南开区（3 302.8）、红桥区（2 487.29）、和平区（1 828.18）、河东区（827.58）的经济关联值位居天津市的前6名。第二，津南区（315.21）、滨海新区（198.53）、东丽区（174.58）、北辰区（164.75）、西青区（141.89）位居第7~11名。第三，宝坻区（117.13）、宁河区（87.27）、武清区（45.68）、蓟州区（35.43）、静海区（16.76）位居第12~16名。以上天津市行政区体育场馆空间建设的经济关联状况按关联值大小分为三大集团，第一集团是以河西区为首的6个区，第二集团是以津南区为首的5个区，第三集团是以宝坻区为首的5个区。

《天津市城市总体规划（2005—2020年）》提出：根据国家对天津城市定位和主体功能区定位的要求，到2020年推进形成市域层面主体功能区的主要目标；优化发展区域、重点开发区域、生态涵养发展区域、禁止开发区域四大类主体功能空间开发格局基本形成；城市空间布局更加合理，建成以中心城区、滨海新区核心区两个城区为核心，以一批30万人左右的新城和一批示范小城镇、中心镇为依托的城镇体系。天津市行政区体育场馆空间建设经济关联形成的三大集团与天津市规划功能区方案是一致的，第一集团对应城市优先发展区域，第二集团对应城市重点开发区域，第三集团对应城市生态涵养发展区域。第一集团的6个区县以其较高的经济关联值处于城市核心区和功能拓展区，天津奥林匹克中心区属于第一集团的空间范围内，6个区县体育场馆的空间建设高度集聚，在天津城市整体发展空间内发挥“中心地”作用。第二集团处于城市发展新区。城市发展新区是城市中心区的疏散地带，对城市中心区的产业与人口起到分流与缓冲的作用，是城市未来发展的经济中心。该集团5个区县的体育场馆与第一集团6个区县存在较高的经济关联，是城市体育场馆新的增长极。第三集团是天津市市民休闲空间，是生态涵养发展区。其调整区域产业结构，构建以科技、教育、文化和体育产业为主的可持续经济社会发展模式，逐步形成以“休闲旅游业”等为特色的生态经济体系。

（3）城市体育场馆中心度计算

城市体育场馆中心度是衡量一个城市体育场馆中心性的指标。根据中心性的程度不同，中心地可分为高级中心地、中级中心地和低级中心地。[①]通过分析体育场馆中心度的大小可以得出体育场馆的等级。运用主成分分析法对中心度指标体系进行评价可以确定中心度。[②]根据马志和等提出的“体育场馆中心地是指供给体育场馆职能的布局场所”的观点，城市体育场馆中心度指标体系就是影响体育场馆空间建设因素的指标体

① 马志和，马志强，戴健，等．“中心地理论”与城市体育场馆的空间布局研究［J］．北京体育大学学报，2004（4）：445-447.

② 百度百科．北京［EB/OL］．［2008-09-10］．http：//baike.baidu.com/subview/2621/13223029.htm?fr=aladdin.

系。[①]城市体育场馆中心度影响因素包括地理因素、社会因素、经济因素、本位因素以及其他因素。城市体育场馆中心度指标体系包括土地面积、人口密度、受教育程度为大专及以上人口数量、体育人口、财政收入、绿地面积、建设用地面积、公路里程、民用汽车拥有量、城市化水平。[②]

采用回归法通过SPSS19.0软件进行分析，经过指标数据选取、收集与录入、因子分析（相关性分析、主因子提取、因子载荷分析），得出因子系数，进而得出F_1和F_2的函数。通过SPSS计算出来的系数矩阵（见表4-7）可以得出F_1和F_2函数表达式。

$$F_1=-0.076X_1+0.029X_2+0.211X_3+0.219X_4+0.189X_5+0.101X_6+0.129X_7-0.051X_8+0.231X_9+0.089X_{10}$$

$$F_2=0.149X_1-0.251X_2+0.079X_3+0.128X_4+0.049X_5+0.207X_6+0.366X_7+0.251X_8+0.077X_9-0.158X_{10}$$

表4-7 SPSS系数矩阵

	成分	
	1	2
土地面积（平方千米）	-0.076	0.149
人口密度（人/平方千米）	0.029	-0.251
受教育程度为大专及以上人口数量（万人）	0.211	0.079
体育人口（万人）	0.219	0.128
财政收入（万元）	0.189	0.049
绿地面积（公顷）	0.101	0.207
建设用地面积（平方千米）	0.129	0.366
公路里程（千米）	-0.051	0.251
民用汽车拥有量（辆）	0.231	0.077
城市化水平（%）	0.089	-0.158

① 毕红星．基于经济地理学的城市体育场馆建设布局创新研究［M］．北京：中国社会科学出版社，2015.

② 毕红星．基于经济地理学的城市体育场馆建设布局创新研究［M］．北京：中国社会科学出版社，2015.

在F_1和F_2两个函数公式已知的条件下，按照因子方差贡献率的权重，计算得出主因子得分函数，即：

$F=0.61F_1+0.34F_2$

天津各区县体育设施中心度排名见表4-8。

表4-8　**天津各区县体育设施中心度排名表**

序号	行政区	F_1	F_2	F	排名
1	南开区	1 008 924	340 030.3	731 053.942	1
2	河北区	779 798.6	230 121.4	553 918.422	2
3	河西区	721 272.5	230 248.5	518 260.715	3
4	和平区	419 757.9	140 001.8	303 652.931	4
5	红桥区	359 990.1	109 594.7	256 856.159	5
6	滨海新区	340 589.3	113 496.2	246 348.181	6
7	东丽区	289 522.9	88 999.45	206 868.782	7
8	津南区	259 452.9	84 000.88	186 826.568	8
9	北辰区	229 610.9	77 941.36	142 712.655	9
10	西青区	179 181.2	58 956.35	129 345.691	10
11	宝坻区	80 939.12	26 935.9	58 531.069	11
12	河东区	81 000.12	25 978.445	58 242.743	12
13	宁河区	76 988.23	23 998.58	55 122.338	13
14	静海区	72 980.31	23 989.56	52 674.440	14
15	武清区	71 058.12	24 000.56	51 505.644	15
16	蓟州区	30 989.36	10 998.22	22 642.904	16

（4）体育场馆中心度分析

天津各行政区体育场馆中心度排名序列中，南开区排名第一，是天津市体育场馆空间建设的中心区。南开区拥有5个奥运场馆，其中天津市网球中心、天津奥林匹克中心游泳跳水馆、天津奥林匹克中心体育场、天津体育馆是第十三届全运会重要的比赛场馆。这些充足的场馆资源条件不仅显示了南开区体育场馆空间建设的领先性，而且为南开区体育场馆的空间建设奠定了坚实的基础。南开区以较高的中心度值表明其是天津市体育场馆空间建设中心区。河北区、河西区、和平区、红桥区的中心度数值仅次于南开区，排在2~5名，可以作为次级中心点的备选区县。天津市16个行政区中的另外10行政区由于中心度值均低于上述6个行政区，将作为选择三级中心点的备选行政区。

（5）点的确定

①一级点的确定

南开区的经济关联值和中心度两项指标均排名领先。南开区是天津市中心城区之一，占地39平方千米。天津中心城区包括和平区、河东区、河西区、南开区、河北区、红桥区。按照服务业功能，中心城区实现了“金融和平”“商务河西”“科技南开”“金贸河东”“创意河北”“商贸红桥”的功能定位。天津奥林匹克中心体育场、天津奥林匹克中心游泳跳水馆分别布局在中心城区。这些奥运场馆与周边改扩建的奥体育中心的相关比赛场馆构成了级别高、功能强的奥运场馆群。

南开区体育场馆空间建设与红桥区、河北区、和平区、河东区、河西区、西青区、津南区、东丽区、北辰区、滨海新区、宁河区、宝坻区12个行政区具有一定的经济关联性，特别是与红桥区、河北区、和平区、河东区、河西区保持着很强的经济关联性。因此，南开区应作为一级点。

②二级点的确定

河西区与天津其他15个行政区均保持着一定的经济关联，特别是与城市中心区存在着非常密切的经济关联，这说明河西区具有很强的体育场馆空间建设的经济辐射影响力。河西区是天津体育场馆空间建设的重点区域，并且处于城市中心区，应把河西区作为二级点。

《天津市城市总体规划纲要（2004—2020年）》明确提出：在“一

轴两带三区”（“一轴”是指沿海河和津京塘高速公路的城市发展主轴；“两带”是指东部滨海城市发展带和西部城镇发展带；“三城”是指滨海新区核心区、汉沽新城、大港新城）的市域空间布局结构基础上，形成“中心城-新城-镇”的市域城镇结构。海河和津京塘高速公路的城市发展主轴线上的中心城区段是公共设施集聚的区域。结合前文分析，应把和平区作为第二个“二级点”。

《天津市城市总体规划纲要（2004—2020年）》将红桥区规划为城市功能的重点区域之一。从城市未来建设规划的意义上来考量，应把红桥区作为第三个“二级点”。

③三级点的确定

“中心城-新城-镇”的城市结构是天津市城市总体规划明确提出的城市空间布局发展模式和方向。天津市“中心城-新城-镇”的城市结构对体育场馆的空间建设起着指导作用。“中心城-新城-镇”的城市结构中的中心城主要是指天津城市政治、文化、经济等功能最为集中的核心区域，包括红桥区、河北区、河东区、河西区、和平区、南开区。新城是对天津市城市空间建设中“两带”（东部发展带和西部发展带）的具体阐释，新城是由东部发展带和西部发展带范围内的8个卫星城构成，具体包括静海、西青、京津、宝坻、蓟州、大港、汉沽、宁河。镇是天津“中心城-新城-镇”城市结构中重要的组成部分，是天津城市城镇化发展的重要方面。

《天津市城市总体规划纲要（2004—2020年）》明确提出：重点发展位于东部发展带上的大港、汉沽、宁河3个新城。将这3个新城作为中心城的缓冲区域，使得中心城的人口和职能有效地向这3个新城疏散和化解，同时促进新的产业在这3个新城集聚发展。另外，津南区、东丽区和滨海新区3个行政区在东、西部发展带特别是东部发展带具有很强的辐射影响力和集聚作用。因此，津南区、东丽区和滨海新区应作为三级点。此外，在经济关联值和中心度两项指标上，西青区和北辰区仅次于津南区、东丽区和滨海新区，西青区和北辰区也应该被纳入三级点的范畴。

2）轴的选择

（1）一级轴线的确定

基于上述对点的选择与确定以及对影响轴因素的分析，可以进一步推断得出四条一级发展轴。第一条一级轴线是沿海河和津京塘高速公路的城市发展主轴。这条轴线是天津城市规划最早的发展轴，是天津城市规划布局的参照标准，主轴西段延伸线是天津奥林匹克中心区，也是天津大型体育场馆资源非常集中的区域。主轴中段是规划中的海河中游体育中心，主轴东段是滨海新区体育中心。可见，城市发展主轴经过一级发展点（南开区）、连接天津主要体育中心。这条发展轴是构建天津体育场馆建设网络布局模式的核心区域，具有重要的意义。在公路交通布局方面，津京塘高速公路是天津重要的东西方向交通大动脉。通过津京塘高速公路发展轴可以进一步对体育场馆空间建设起到集聚与扩散的空间影响作用。第二、三、四条一级轴分别是天津市交通干线中的内环、中环、外环。内环线自新开路起经十一经路高架桥、南京路、西马路、北马路等路相衔接；中环线源自铁东路起，经红星路、津滨大道、围堤道、复康路、红旗路、红旗北路、勤俭道、普济河道等路相衔接；外环线自跃进路起，经由北马集以南、华山路等路至铁路西北环线平行于京津塘高速公路与新跃进路衔接。东西方向的发展轴与三条环线构成了天津城市空间布局的主体框架。图4-3为“三环十四射”图示。图4-4为天津市交通道路图。

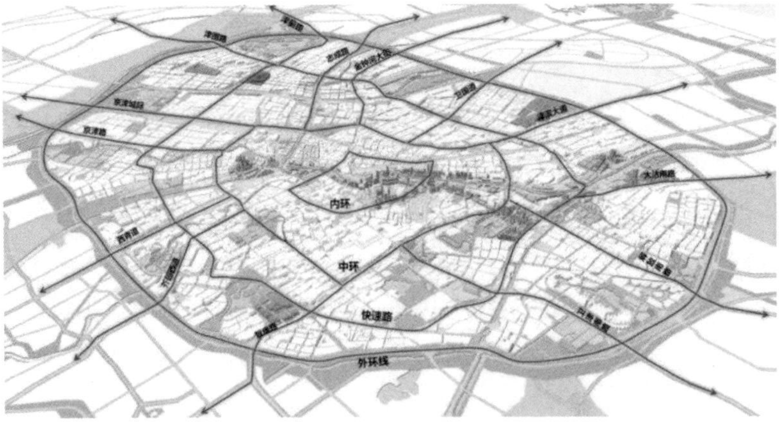

图4-3　“三环十四射”图示

图 4-4　天津市交通道路图

（2）二级轴线的确定

本章将“三环十四射”中的“十四射”确定为14条二级发展轴，即解放南路、大沽南路、津盐大道、卫国道、金钟河大街、志成路、津蓟路、津围路、京津城际、京津路、西青道、芥园西道、复康路、卫津南路；京津路、西青道、芥园西道、复康路、卫津南路5条城市快速路作为天津城市体育场馆建设的二级轴线。5条二级轴线分布于二级点（河西区、和平区、红桥区）覆盖的区域内。“三环十四射”的规划成型于20世纪50年代，建设于20世纪80年代。“三环十四射”是天津主要的城市交通布局体系，对天津的经济社会发展起着坚实的支撑作用。从天津大部分城区级公共体育设施分布于“三环十四射”的地理覆盖空间内。京津路、西青道、芥园西道、复康路、卫津南路5条二级轴线紧密环绕在河西区、和平区、红桥区3个二级点周围，成为3大行政区的主要交通干线。

（3）三级轴线的确定

第一条三级发展轴是五环。天津五环由高速公路组成，全长143千米，包括滨保高速公路、京沪高速公路、津晋高速公路、宁静高速公路、京津高速公路。

第二条三级发展轴是六环。天津六环由高速公路组成，全长255千米，包括滨保高速公路、京沪高速公路、荣乌高速公路、长深高速公路。天津六环绕城高速有效解决了天津城区同滨海新区、静海区、武清区、宝坻区和宁河区的交通问题。图4-5为天津市五环和六环布局图。

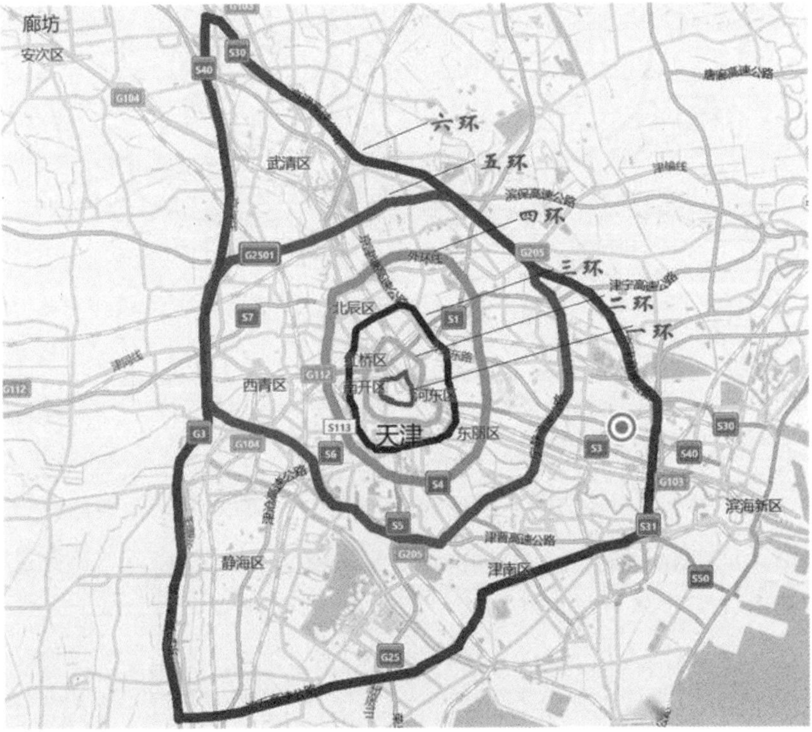

图4-5 天津市五环和六环布局图

第三条三级发展轴为天津地铁1号线，其北起北辰区刘园，南至津南区双林，总长度为26.188千米，途经北辰区、红桥区、南开区、和平区、河西区、津南区。

第四条三级发展轴为天津轨道交通2号线，其西起西青区曹庄，东至东丽区天津滨海国际机场，连接南开区、和平区、河北区、河东区、东丽区、西青区。

第五条三级发展轴为天津轨道交通3号线，其北起小淀站，南至天津南站，途经北辰、河北、河东、和平、河西、南开、西青7个行政区，连接宜兴埠、中山路、西康路、王顶堤、华苑、大学城、南站等住宅体量较大的板块，并将铁东路、中山路、和平路、营口道、天塔、华苑、南站等地铁商圈串联起来。

第六条三级发展轴为天津地铁4号线，其是贯穿天津的一条西北—东南方向的骨干线，线路北起于北辰区小街，南到东丽区新兴村。

第七条三级发展轴为天津地铁5号线，其北起北辰区北辰科技园北站，南至西青区李七庄南站，全长35千米，共设车站28座。

第八条三级发展轴为天津地铁6号线，其北起南孙庄，南至梅林路，线路全长47千米，共设车站39座，设大毕庄车辆段和尖山路停车场。沿线经过东丽区、河北区、红桥区、南开区、河西区、西青区、津南区7个行政区，该线路可在金钟河大街、肿瘤医院、天津宾馆、文化中心与地铁5号线换乘，形成环状线。

第九条三级发展轴为天津地铁7号线，其一期工程北起赛达路站，南至喜峰道站，全长26.47千米，途经西青、河西、和平、南开、红桥、河北6个行政区，是天津核心线路之一。

第十条三级发展轴为天津地铁8号线，其起点为西青区张家窝镇，终点为津南区咸水沽镇，途经西青区、南开区、和平区、河西区、津南区。

第十一条三级发展轴为天津轨道交通9号线，其西起河东区天津站，途经河东区、东丽区、滨海新区，东到滨海新区东海路站，大致呈东西走向。天津轨道交通9号线是连接天津中心城区和滨海新区的大动脉。

第十二条三级发展轴为天津地铁10号线，其为城区西南至东北方向的轨道交通线。其南起西青区梨园头（于台站原站名），东至北辰区的大张庄站。其沿线途经西青区、河西区、东丽区、河东区、北辰区。以上10条地铁线把网络布局模式中的三级点连接起来，构成了以天津轨道交通为主体的三级发展轴。

3）网络构建

天津以各个行政区为中心点的基本单位，以城市公路和轨道交通为主体发展轴，以点和轴为基础，在集聚和扩散作用下形成体育场馆空间建设网络空间布局结构。按照点与轴形成的级别等级形成的网络配置的级别等级应与之相符。表4-9为网络建设模式中各级点与轴的情况。天津市体育场馆网络建设的配置体系是由三级网络组成的，整个配置体系是以一级网络为极点，在增长极扩散的作用下逐步形成二级和三级网络。这三个网络之间始终保持着双向传递网络综合信息的动态循环。

表4-9 网络建设模式中各级点与轴的情况

等级	点	轴	网络
一级	南开区	津京塘高速公路、交通干线中的内环、中环、外环	南开一级网络
二级	河西区、和平区、红桥区	京津路、西青道、芥园西道、复康路、卫津南路城市快速路	西和红二级网络
三级	津南区、东丽区、滨海新区、西青区、北辰区	五环、六环以及10条城市地铁线	津东滨青辰三级网络

天津体育场馆的网络空间结构模型属于城市地域结构理论模式中的多核心理论模式。对于天津的体育场馆网络建设模式来说，这种空间结构模型就是以4条一级轴、5条二级轴、12条三级轴为框架，并以多中心为城市核心的城市体育场馆网络建设模式的空间结构。

4.3.4 结论

在集聚与扩散生成机理的作用下，增长极模式、“点-轴系统”模式、网络开发模式都表现出非常清晰的逻辑递进关系，进而形成动态发展的网络布局模式。借助学科交叉而形成的理论模式是体育场馆空间建设研究的发展趋势，并且符合城市体育场馆在经济社会背景下的空间建设本质诉求。

“点-轴-网”的构建实际上是对体育场馆设施的区位选择与空间结构建设，使其在各自的区域发挥最大的效益，提高城市（城乡）体育场馆设施的利用率，完善城乡体育场馆设施建设布局一体化发展体制机制，实现城乡区域体育场馆设施资源协调互动发展，实现体育场馆建设惠民成效的最大化。对“点-轴-网”进行理论与实践研究不仅可以丰富我国体育场馆设施建设的理论，也可以为全民健身服务体系的构建提供理论依据。

4.4 基于POI数据的天津市全运会体育场馆及其相关健身设施空间建设“点-轴-网”模式惠民成效最优性分析

数字城市规划中，体育设施“兴趣点”在地理空间中与道路、人类活动有密切的联系。采用合理的方法分析体育设施的空间分布，对城市体育设施的管理、布局、决策有一定的意义。

池娇、康雨豪、赵卫峰、朱建成等人在利用POI数据对城市进行研究时都提出了对不同属性类别的POI数据赋予不同权重值的研究方法[①②③④]。在地理信息系统中，一个POI可以是一栋房子、一个商铺、一个邮筒、一个公交站等。在点的特征表达方面，核密度分析方法满足了地理学第一定律的要求，即距离衰减效应，经常被许多国内的学者用于点数据空间聚集形态的研究[⑤]。但这种传统空间点模式分析方法没有考虑到实体空间是非均质的。Okaba研发工具（SANET）将平面核密度升级为基于空间网状结构的网络核密度[⑥]。禹文豪等人基于Okaba的Dijkstra路径算法提出一种一维形态算子的算法来优化计算时间，并在考虑道路

① 池娇，焦利民，董婷，等．基于POI数据的城市功能区定量识别及其可视化［J］．测绘地理信息，2016，41（2）：68-73.

② 康雨豪，王玥瑶，夏竹君，等．基于POI数据的武汉城市功能区划分与识别［J］．测绘地理信息，2017，43（1）：1-5.

③ 赵卫锋，李清泉，李必军．利用城市POI数据提取分层地标［J］．遥感学报，2011，15（5）：973-988.

④ 朱建成，唐翀，冯玉蓉．基于兴趣点数据的伊春城市功能区定量识别研究［J］．城市建筑，2018，20（7）：21-23.

⑤ 李钢，杨兰，贺建雄，等．基于POI数据的西安市快递自提点空间格局及空间关系研究——以菜鸟驿站为例［J］．地理科学，2018，38（12）：2024-2030.

⑥ OKAB A，SATOH T，SUGIHARA K. A kernel density estimation method for networks，its computational method and a GIS based tool［J］． International Journal of Geographical Information Science，2009，23（1）：7-32.

网络的通达方向、通行能力，以及发生元权重的条件下进行扩展研究①。杨静、曾璇、王爽等人在对POI数据进行空间热点的分析中都采用了网络核密度分析方法②。网络核密度分析仅表现在道路网络上，空间区域不够直观。黄怡敏等人采用“普通克里金空间插值”的方法将结果与空间范围进行关联来划分不同的功能区类别。K函数方法能在多个尺度上表现要素的空间相关性（聚集或离散），但平面K函数可能会高估道路口旁的要素聚集或离散程度。Okaba等研发工具将平面空间K函数法升级为基于空间网状结构的网络K函数法③。杨珏婕等人采用网络K函数的分析方法对西双版纳人工林空间格分布的影响因素进行探究④。邬伦等人采用单变量和双变量网络K函数分析方法对餐饮设施点的空间分布影响因素进行研究⑤。

采用网络核密度的分析方法并没有考虑到单个POI设施点影响力的不同。本章以天津市中心城区为例，对全运会体育场馆设施点采用网络核密度进行分析。网络核密度的结果只表现在道路方面，对其进行克里格差值分析，并与带有权重的平面核密度栅格图层叠加，最终得到体育场馆设施点在权重和道路网络约束下的空间分布聚集特征。同时，采用双变量网络K函数方法对体育场馆设施热点区域的不同影响因素进行研究。

4.4.1 数据来源和研究方法

1）研究区域与数据来源

天津市是我国直辖市之一，地处于华北平原北部，市区包括中心城区、环城区、滨海新区和远郊区。本章选取天津市的中心城区作为研究区域，包括红桥区、河北区、南开区、和平区、河西区、河东区。

根据数据的典型性原则，结合全运会促进城市体育场馆设施建设情

---

① 禹文豪，艾廷华，刘鹏程，等．设施POI分布热点分析的网络核密度估计方法［J］．测绘学报，2015，44（12）：1378-1383.

② 杨静．基于POI数据的城市商业中心和组团识别与提取——以南京市为例［D］．南京：南京师范大学，2018.

③ OKAB A，YAMADA I. The K-function method on a network and its computational implementation［J］．Geographical Analysis，2001，33（3）：271-290.

④ 杨珏婕，刘世梁，赵清贺，等．基于网络K函数的西双版纳人工林空间格局及动态［J］．生态学报，2011，31（22）：6734-6742.

⑤ 邬伦，刘亮，田原，等．基于网络K函数法的地理对象分布模式分析——以香港岛餐饮业空间格局为例［J］．地理与地理信息科学，2013，29（5）：7-11.

况，以2011年8月16日为统计时间起点，选取天津成功取得第十三届全运会主办权以来用于全运会比赛的排球场馆、篮球场馆、田径场、游泳跳水馆、羽毛球馆、摔跤场馆等以及有关新建或改（扩）建的体育场馆设施点数据共238个，还包括居民小区162个、公交站点209个和餐饮设施517个点数据，数据均来自高德地图（2018年）。POI数据包括名称、地址、经纬度、设施类型等信息。

本章应用天津市2018年路网矢量数据。因为要在精细尺度下研究城市路网，所以获取了大部分道路数据，包括地铁、都市高速路、高速公路、国道、省道、九级路、铁路、县道、乡镇道路、人行道路、其他道路。

2）研究方法

（1）权重赋分方法

不同类型的POI数据对城市的功能属性影响不同，不同类别的体育场馆设施点对城市的影响力也不同，因此需要对体育场馆设施点数据进行权重系数测定。通过查询相关资料，大致确定各种体育场馆设施点的平均占地面积。根据不同属性的体育场馆设施点的服务范围以及占地面积，进行综合赋分评价，最终确定权重分值区间为［1，100］。对于服务范围广、占地面积较大的体育场馆设施点，赋予较高的权重值。例如，服务全市的天津奥体中心是综合性市级体育中心，其占地7.8万平方米，赋值权重为100。

（2）网络空间核密度分析

通常地理学中对于点模式分析的表达方法都会应用核密度分析，其是该点与相邻点间空间密度的一种场函数。其遵循了地理学的距离衰减效应，距离中心点越近的区域受到的辐射值越大。传统的欧式距离忽略了实际的空间特性。在道路网络的约束下，网络核密度分析方法能更加准确地表达体育设施的空间分布特征。其计算公式为：

$$f(s) = \sum_{i=1}^{n} \frac{1}{r^2} k\left(\frac{d_{is}}{r}\right) \tag{1}$$

上式的函数式为$f(s)$空间位置s处的核密度计算函数；r是路径距离衰减阈值，即带宽；n是与位置s的路径距离小于或等于r的设施点的个数；d_{is}是i点到设施s点的最短路径距离；k是空间权重函数。函数式中存在两个重要的参数k和r。其中，空间权重函数的选择对点分布的结果并无太大影响，需要注意的是路径距离衰减阈值的选择。

（3）网络双变量K函数法

网络K函数法与平面K函数法分析思路相似，只是量算距离方式不同，网络K函数法采用的是两点之间最短路径距离。网络双变量K函数法主要用来研究在道路网络约束下一类点对象的分布是否依赖另外一类点对象的分布，或者是否产生影响。在网状结构中，规定$A=(a_1, a_2, \cdots, a_n)$和$B=(b_1, b_2, \cdots, b_n)$表示道路网络上的2个事件集，$LT$为网络数据集，$|LT|$表示网络的总长度。对于理论期望值，定义其网络双变量K函数$K^{ba}(t)$：

$$K^{ba}(t) = \frac{1}{\rho_a} \times E \tag{2}$$

式中：E为对任意点$b_i \in B$的理论期望值；ρ_a为A事件集的密度，即$\rho_a = n_a / |L_T|$。对于观测值，定义其网络双变量K函数值$K^{ba}(t)$为：

$$\widetilde{K^{ba}}(t) = \frac{|L_T|}{n_a n_b} = \sum_{i=1}^{n_b} \tag{3}$$

如果观测值大于理论期望值，则说明事件点呈聚集分布模式；如果观测值小于理论期望值，则说明事件点为离散分布模式。

4.4.2 天津市体育设施区位布局研究

本章选取2018年天津中心区全运会体育场馆及有关体育设施点数据进行网络核密度分析。一般网络核密度衰减阈值选取较大值，如1 000米、2 000米，研究趋势较为宏观，本章在精细尺度下进行研究，因此选择的带宽为200米，衰减阈值小，聚集的信息较为丰富。利用SANET中的“kernel density estimation”工具实现。传统核密度法会使各个位置获得较高的密度值，这会高估空间设施点的聚集程度，与之相比，网络核密度法引入路径距离计算方法，使得核密度被约束在道路网络附近，空间各位置密度值显著降低，能够客观反映实际的空间分布特征。图4-6为全运会体育场馆及有关体育设施POI的网络核密度分布图。图4-7为体育中心街道体育设施POI的核密度分布图。

图4-6　全运会体育场馆及有关体育设施POI的网络核密度分布图

（a）平面核密度的密度分布

（b）网络核密度的密度分布

图4-7　体育中心街道体育设施POI的核密度分布图

因为对拟合的精度要求较高，所以采用克里格空间差值方法。该方法的变异函数中球面模型应用于地学统计分析。空间插值的搜索半径与网络核密度衰减距离阈值相同，并与带有权重的平面核密度栅格图层叠加。为了直观表达信息，对叠加栅格核密度值进行200米格网分区统计。图4-8为全运会体育场馆及有关体育设施POI在200米格网统计下的核密度分布图。

图4-8 全运会体育场馆及有关体育设施POI在200米格网统计下的核密度分布图

结果表明，天津市中心区全运会体育场馆及有关体育设施的空间分布从整体上看具有“西南密、东北疏”的特征，并且呈现多中心点聚集。其中，网络核密度聚集较高的地区包括体育中心街道、柳林街道、学府街道、天塔街道。体育设施分布密度次之的包括桃园街道与大营门街道交界、小白楼街道、邵公庄街道与西沽街道交界处、向阳楼街道、南市街道等。位于南开区的体育中心街道拥有许多运动场馆，例如天津体育馆、天津奥林匹克中心、奥体中心体育场、奥林匹克训练场、篮球场、羽毛球馆等。柳林街道位于河西区，是天津科技大学所在地，拥有天津科技大学体育馆、体育中心、足球场、网球场等。天津市河西体育场包括许多健身运动场馆俱乐部，位于体育设施附近的泉汇购物广场是该地域的商业中心。学府街道位于的南开区是南开大学、天津大学所在地。位于河西区的天塔街道是天津体育学院所在地，拥有许多体育运动场馆。位于河西区的桃园街道与大营门街道交界是天津外国语大学所在地，包括许多体育运动场馆。小白楼街道位于和平区，拥有新华路体育场和和平体育馆两个综合体育馆，还有网球场、游泳馆、羽毛球馆等。位于红桥区的邵公庄街道与西沽街道交界处是欧亚达商业广场所在地，拥有许多游乐场和跆拳道场。位于河东区的向阳楼街道有许多篮球训练场馆。其中体育中心街道、柳林街道、学府街道呈现多中心点核密度分布。由此可见，体育设施核密度较高的地区一般分布于学校和商业中心地区。

4.4.3 体育设施热点空间格局影响因素分析

体育设施空间分布状况受多种因素影响。本章主要研究居民小区、公交站点等体育设施分布的空间作用关系。运用Getis-Ord Gi*指数法识别街道尺度下体育设施分布的热点区域。结果表明体育中心街道和柳林街道为具有显著性统计的热点街区。因此综合考虑，对网络核密度聚集较高且呈多中心点分布的体育中心街道、柳林街道2个密度区进行研究。利用SANET中的“global cross k function”工具实现。图4-9为全运会体育场馆及有关体育设施POI的Getis-Ord Gi*热点分布图。

图4-9 全运会体育场馆及有关体育设施POI的Getis-Ord Gi*热点分布图

天津市体育中心街道与柳林街道体育场馆设施点网络双变量K函数

分析结果表明，在0~1 800米范围内，体育中心街道体育设施和居民小区的双变量K函数观测值曲线在理论期望值曲线之下，说明在此范围内，二者之间存在相互排斥的离散分布关系。在1 800~4 000米范围内，观测值曲线在理论期望值曲线之上，位于蒙特卡罗模拟置信区间之内，说明两者之间存在一定聚集关系。在0~800米范围内，柳林街道体育设施和居民小区的网络双变量K函数观测值曲线在理论期望值曲线之上，说明在此范围内，二者之间存在相互聚集分布关系。在800~ 2 100米范围内，观测值曲线在理论期望值曲线之下，位于蒙特卡罗模拟置信区间之内，说明两者之间存在离散关系。在2 100~3 500米范围内，二者之间存在相互聚集分布关系。在0~750米范围内，体育中心街道体育设施和公交站点的网络双变量K函数观测值曲线在理论期望值曲线之下，说明二者之间存在排斥的离散分布关系。在750~4 000米范围内，观测值曲线在理论期望值曲线之上，位于蒙特卡罗模拟置信区间上限之外，说明两者之间存在显著性的空间聚集关系。在0~350米范围内，柳林街道体育设施点和公交站点的网络双变量K函数观测值曲线在理论期望值曲线之上，位于蒙特卡罗模拟置信区间之内，说明两者之间存在一定聚集关系。在350~420米范围内，观测值曲线在理论期望值曲线之下，两者之间存在相互离散关系。在420~500米范围内，观测值曲线在理论期望值曲线之上，位于蒙特卡罗模拟置信区间之内。在500~3 500米范围内，观测值曲线位于蒙特卡罗模拟置信区间上限之外，说明两者之间存在显著性的空间聚集关系。在0~4 000米范围内，体育中心街道体育设施和餐饮设施观测值曲线在理论期望值曲线之上，位于蒙特卡罗模拟置信区间上限之外，说明体育设施和餐饮店之间存在显著性的空间聚集关系。在0~3 500米范围内，柳林街道体育设施和餐饮设施观测值曲线在理论期望值曲线之上，位于蒙特卡罗模拟置信区间上限之外，说明体育设施和餐饮店之间存在显著性的空间聚集关系。由上述分析可知，体育设施热点区域的分布和居民小区不具有显著性聚集的空间关系。体育设施热点区域的分布与公交站点在较大尺度下有聚集性，空间分布相似，受其影响较大。体育设施热点区域的分布与餐饮设施具有显著的空间聚集性，相互之间影响较大。体育设施热点分布区对交通和餐饮具有空间依附性。

4.4.4 小结

本节对天津市全运会体育场馆及有关体育设施POI数据采用网络核密度和带有权重的平面核密度相结合的分析方法，分析体育场馆设施点在权重和道路网络约束下空间分布的聚集区域。采用双变量网络K函数方法研究影响体育场馆设施热点区域分布的主要因素。结果表明天津市中心区全运会体育场馆及有关体育设施的空间分布具有“西南密、东北疏”的特征，并且热点区域呈现多中心点聚集。其中网络核密度聚集较高的密度区有体育中心街道、柳林街道、学府街道、天塔街道。采用网络核密度和带有权重的平面核密度相结合的方法，能够准确地表达设施点的自身影响力在道路网下的空间分布，这是传统核密度方法所不能实现的。通过对体育中心街道和柳林街道热点区域的网络K函数分析方法进行探知，可以看出体育设施对交通和餐饮具有空间依附性。在道路网络的参考中，并没有考虑道路的方向性、通行力等因素，对网络的约束能力的表述还不完整，将在今后的研究中进行深入探讨。

本节基于“点–轴–网”空间布局理论，为了实现天津市全运会体育场馆设施惠民成效的最优效应，以天津市中心区全运会体育场馆及有关体育设施点为研究对象，采用网络核密度分析方法，对结果进行克里格差值分析，并与带有权重的平面核密度栅格图层叠加，得出体育场馆设施点在权重和道路网络约束下的空间分布聚集特征。采用双变量网络K函数方法，提升体育设施热点区域与居民小区、公交站点和餐饮设施的空间相关性。天津市中心区全运会体育场馆设施的空间分布从整体上看具有“西南密、东北疏”的特征，应完善多中心点聚集模式；加强居民小区与交通建设布局的集聚空间模式，间接实现全运会体育场馆与居民小区建设的集聚关联，充分提升交通的可达性来提高全运会体育场馆设施的惠民效应；在公交站点具有较大尺度聚集性的向好背景下，继续在交通沿线建设公交站点，提升全运会体育场馆设施的利用率，进而实现全运会体育场馆设施惠及更多群众的目的；应加强建设体育场馆设施综合体，通过更为人性化的餐饮服务带动体育场馆设施开放的门票及相关服务消费，促进全运会体育场馆设施以人为本的惠民服务理念形成与传播。

5 未来全运会及大型比赛体育场馆建设惠民成效最优方案的对策与建议

5.1 加强全运会体育场馆“点-轴”布局模式的建设

在整个“点-轴-网”建设过程中，“点-轴”布局模式形成是前提与基础。结合城市体育场馆“市级-区级-街道级-社区级”的配置体系，城市完整的体育场馆“点-轴-网”体系包含市级、区级、街道级、社区级的配置内容。其中，市级的“点-轴-网”体系的构建是最为关键的，直接影响次一级“点-轴-网”体系的构建，对于城市体育场馆“点-轴-网”体系的构建起到重要的引领作用。同时，全运会体育场馆的规模是指中型以上的体育场馆，对应城市体育场馆的配置体系应归属于市级和区级。所以，全运会体育场馆在城市的配置中应该是“市级-区级”二级的内容结构。

在“点-轴-网”体系的构建中，点的确定和轴的选择是关键的环节。点的确定和轴的选择将坐落于城市不同位置的全运会体育场馆科学合理地连接起来，轴的选择为点（体育场馆）提供了扩散其资源流的有效通道，实现了体育场馆的空间可达性，有利于体育场馆的运营与开放，有利于体育场馆最大化提供其产品和服务，从而有助于体育场馆惠民成效的达成。在现有的全运会体育场馆的基础上，可以规划其“点-轴”布局模式，并据此为城市大中型体育场馆的建设提供科学的方案。

下面以大连市为例展开论述。全运会体育场馆共有辽宁省航海运动学校水上运动场、垒球场、曲棍球场、大连市体育中心体育场、网球场、游泳馆、体育馆、大连市金州新区棒球场、大连市金州新区体育场、大连市金石国际运动中心、大连瓦房店西杨乡将军石港、大连市游泳馆以及大连市新骑警基地等体育场馆。这些体育场馆所在地分别隶属于大连市的旅顺口区、甘井子区、金普新区、瓦房店市、沙河口区、西岗区。参照大连市关于市级体育场馆和区级体育场馆的划分标准，结合全运会体育场馆的高级别属性，将以上体育场馆群分别划为市级。对照“市级-片区级-社区级”三级体育场馆设施布局体系，将市级体育场馆作为一级节点。

交通运输干线和运输通道对于促进城市发展具有重要的意义。交通运输干线连接着城市重要的各类功能节点。“点-轴”系统中“轴”就是指交通运输干线，将交通运输干线称为发展轴。通常发展轴的选择范围确定在沿海、沿河地带、铁路、高速公路附近。大连市三面临海、铁路交错纵横、高速公路密集，这些交通特征为发展轴的选择提供了重要的基础条件。按照上述一级节点和二级节点的设置体系，将发展轴对应设置为一级发展轴和二级发展轴。第一条一级发展轴确定为沈海高速。沈海高速是大连城市空间布局的主轴线，是大中型体育场馆建设的主要线路。沈海高速将旅顺口区部分区域、甘井子区、金普新区、普兰店区、瓦房店市的部分区域连接起来，为被连接区县的流通发展提供了重要的基础条件。沈海高速连接大连市体育场馆的部分一级节点（体育场馆），大连瓦房店西杨乡将军石港、辽宁省航海运动学校水上运动场、垒球场、曲棍球场、大连市体育中心体育场、网球场、游泳馆、体育馆、大连市金州新区体育场都分布在该发展轴上。第二条一级发展轴为鹤大高速。该发展轴将沿黄海的甘井子区、金普新区连接起来。大连市金州新区棒球场、大连市金石国际运动中心分布在该发展轴上。第三条一级发展轴为东北快速路。该发展轴将甘井子区、西岗区连接起来。大连市游泳馆、大连市新骑警基地分布在该发展轴上。

5.2 推进体育场馆网络布局模式的建设

5.2.1 构建体育场馆网络布局模式的理论基础

体育场馆网络布局模式就是依据“点-轴-网”理论模式进行建设。来源于中心地理论的“点-轴-网”理论体现出城市“等级-规模”区位层次递进的理念。体育场馆“点-轴-网”布局模式是在空间集聚和空间扩散相互作用下生成的，反映体育场场馆在空间结构中变化的客观规律。因此，体育场馆网络布局模式的实施可以说是体育场馆空间结构中建设最合理、最科学的布局模式，有利于体育场馆惠民成效终极目标的达成。

加强体育场馆建设是发展体育事业、促进生活性服务业发展的有效路径。影响体育场馆不平衡不充分发展的突出问题是体育场馆的经济效益与社会效益尚未得到充分释放。体育场馆建设布局不合理阻碍了体育场馆经济效益与社会效益发挥。

经济地理学中的中心地理论指出，空间客体的集聚与扩散效应受人口分布与交通通达性的影响。通常情况下，体育场馆周边的人口分布状况与交通通达性表现越合理，其经济效益与社会效益将越优异，其利用率就会越高。“点-轴-网”理论就是基于整合人口分布与交通通达性等诸多因素而建构的空间布局理论，充分结合影响体育场馆建设布局的因素，使其科学合理地与其所在区域的基础设施相融合，最大程度地发挥其扩散效应，使体育场馆的经济效益与社会效益有效地释放出来。城市体育场馆“点-轴-网”理论模式的构建就是将体育场馆在城市范畴形成最佳的空间结构，获得区位空间最佳的发展效益。

5.2.2 构建体育场馆网络布局模式的实证建议

大连市有关文件提出“一轴、两翼、一核、一极、七节点”的市域空间结构以及人口和用地空间布局，结合现有全运会体育场馆情况，计划形成“1+2+7+1”的规划结构。“1”为主城区公共体育服务主中心。《大连2049城市愿景规划》提出“精明收缩、强湾聚心”的空间提振战略，以中心五区为核心，布局未来承办国家乃至世界综合性赛事的主要场馆和竞技体育训练设施。“2”为主城南北公共体育服务辅助中心。旅顺口区和金普新区分别位于中心5区的南北两侧，由哈大发展轴、黄海魅力滨海带和渤海支柱产业带牵引，承接一定的设施外溢功能。“7”为7处体育产业基地，即体育新城产业基地、将军石体育产业基地、庄河体育旅游休闲产业基地、金普新区体育产业基地、长山群岛体育休闲产业基地、旅顺体育文化产业基地、甘井子青山花园综合健身产业基地。“1”为滨海健身休闲带。结合大连市“山海相依、城水相融”的自然景观特色，以“休闲+体育”的方式将休闲健身功能嵌入滨海绿地系统之中，构建连续的、体验丰富的慢行和健身系统，打造极具特色的城市公共体育新名片。

布局规划结合政策导向、规范标准和同类城市建设经验，形成市级“7个1”、区（县）级“5个1”、街道（乡镇）级“3个1”、社区（村）级“2个1”的市域体育设施发展思路。其中，规划街道与乡镇同级、社区与村同级。“7个1”包括1个体育场、1个体育馆、1个游泳馆、1个网球馆、1个专业足球场、1个大型市民健身中心和1个体育公园。“5个1”包括1个体育场、1个体育馆、1个游泳馆、1个中型市民健身中心和1个体育公园。“3个1”是指街道包括1个小型全民健身中心、1个大中型多功能运动场地和1个健身游园；乡镇包括1个健身广场、1个带看台的灯光篮球场和1套健身器材。“2个1”是指城市社区包括1个小型多功能运动场地（球类）和1个室外综合健身场地；乡村包括1个室外篮球场、1个室外乒乓球台（或乒乓球室）。

5.3 通过政府购买服务、社会力量参与，加强体育场馆的运营与发展

5.3.1 发挥市场有效配置资源的作用，推进体育场馆企业化改革

《关于加强大型体育场馆运营管理改革创新 提高公共服务水平的意

见》提出，“要突出公益属性，强化服务功能，增强发展活力，提高使用效率，积极进行运营管理体制改革和机制创新；引入和运用现代企业制度，有效推进人事、收入分配和社会保障制度改革”。《关于加快发展体育产业促进体育消费的若干意见》提出，“积极推进场馆管理体制改革和运营机制创新，引入和运用现代企业制度，激发场馆活力”。《关于做好政府向社会力量购买公共文化服务工作的意见》提出，“政府向社会力量购买公共文化服务工作主要包括：公益性文化体育产品的创作与传播，公益性文化体育活动的组织与承办，中华优秀传统文化与民族民间传统体育的保护、传承与展示，公共文化体育设施的运营和管理，民办文化体育机构提供的免费或低收费服务等内容”。由此可见，引入和运用现代企业制度和企业化改革是体育场馆运营管理体制改革和机制创新的核心内容；体育场馆的运营和管理是政府向社会力量购买公共服务的工作内容之一。但是，在体育场馆运营管理的实践过程中存在与“转企改制”相抵触的认知，这种观念在一定程度上影响企业化改革的进程。要积极转变制约体育场馆实施企业化改革的陈旧观念，努力推进“转企改制”工作。

5.3.2 加强对“转企改制”企业扶持政策的支持

企业“转企改制”过程中存在着相关扶持和配套政策出台不及时，甚至是缺位的现象，一定程度上影响了体育场馆企业化改革的进程。体育场馆“转企改制”过程中面临着原有的各种税费（房产税和城镇土地使用税等）制度和财政政策（政府财政拨款、资金补贴和维修基金等政策措施）是否继续沿用的问题。在国外体育产业较为发达的国家，一些企业化运营的体育场馆仍然受到政府财政拨款的支持；为了鼓励社会力量参与体育场馆的运营管理，政府在各种税费及政策方面给予减免或优惠，并以制度或法案的形式付诸实施。在国内，体育场馆实施“转企改制”后，运营管理的主体发生了改变，由原来的政府部门改为社会力量的民营企业，但是体育场馆的属性与功能以及在体育服务领域扮演的角色始终保持不变。体育场馆进行企业化改革，应加强对“转企改制”企业扶持政策的支持，并且强化对原有政策的延续实施。对原有政策延续主要表现在两个方面：一方面，延续政府对体育场馆的财政拨款、维修基金以及改扩建费用的现有政策；另一方面，延续政府对体育场馆的各种项目税费以及常规使用的能源价格的减免或优惠的现有政策。

5.3.3 强化并完善政府对体育场馆企业运营管理的监管

加强政府对体育场馆监管工作应从以下几个方面入手：第一，政府对体育场馆运营管理企业的监管应该划分好限度和范围，体育场馆经营机构的经营与自主经营权应该得到充分保障，政府不应该加以干扰。第二，政府对体育场馆经营机构监管方式的选择是很重要的。要改变过去以行政干预为主的直接监管方式，进而采用以审查方式为主的间接管理方式，为保障体育场馆运营机构经营自主权的有效行使创造有利条件。第三，政府对体育场馆经营机构要明确突出以公益性为主要内容的监管模式，这种公益性的监管模式通过体育场馆经营机构对公共体育服务实施过程的任务完成、目标达成、要求体现、标准执行等各个环节执行情况进行评价与约束管理。第四，政府监管体育场馆经营机构的方法和手段对体育场馆的最终运营效果有很大的影响。政府监管体育场馆运营机构应充分给予运营机构更多的经营自主权，调动运营机构的积极性，使体育场馆运营实现绩效最大化。

5.3.4 建立社会力量参与“转企改制”的机制体制，放开体育场馆经营权

体育场馆经营权隶属于政府部门，各地以体育局等体育行政部门为代表的政府管理部门一直对体育场馆进行全面管理。按照产业组织理论的观点，市场范围内，当垄断占据主要位置时，竞争就成为次要的，而且失去了调配市场资源的非主流市场推动力。体育场馆经营的垄断局面导致竞争机制失去作用，体育行政部门成为体育场馆经营市场唯一的主体，其他经营机构无法进入，一些具有先进运营管理经验的机构不能参与到体育场馆的经营过程中。放开体育场馆经营权有利于为运营管理机构参与体育场馆运营管理提供公平、公正的竞争机会；有利于加快体育

场馆“转企改制”的进程。目前，体育场馆“转企改制”的过程大多数是运营管理机构通过自身的经营与管理体制进行变革，依靠社会力量和社会资本进行“转企改制”尚未运转起来，社会力量和社会资本进行“转企改制”所具有的促动作用与非国有企业属性的优势没有充分表现出来。借助社会力量、吸引社会资本是体育场馆经营机构“转企改制”的政策规划和发展方向。应利用社会力量的专业和资本优势，结合国有企业的特点，形成民营与国企相融合的混合体制，有效提升体育场馆运营管理水平。

5.3.5 塑造专业运营商，加强运营管理团队建设

体育场馆企业化改革的实质在于建立现代企业管理制度，并利用现代企业管理制度的优势，提高体育场馆运营管理的能力与水平。体育场馆运营管理机构通过企业化改革，引入现代企业管理制度，优化企业法人治理结构，充分利用市场竞争机制，整合企业内部以及企业间的资源配置关系，消化和盘活市场存量，提高市场供给侧的企业市场行为表现，创新服务项目，拓展服务领域，提升服务质量，体现体育场馆惠民服务的思想宗旨，实现通过“转企改制”提高体育场馆运营管理的绩效水平的战略任务。通过企业化改革能提高体育场馆运营管理机构的专业水平，使体育场馆运营管理机构逐步成为专业的运营厂商。体育场馆运营机构将自己打造成为本行业专业运营商的前提条件是本行业专业团队的建设。专业运营团队的建设要从两方面着手，一是广泛引进运营管理高端人才；二是对现有运营管理人员实施技术升级培训、再教育提升计划。同时，体育场馆运营管理机构还应积极向周边体育场馆输送人才资源，协助其他体育场馆提升其运营管理能力，推动企业化改革的进程，充分发挥其增长极的辐射带动作用与功效。

5.3.6 鼓励社会资本投资，加强政府和社会资本合作

《国务院关于鼓励和引导民间投资健康发展的若干意见》提出，鼓励和引导民间资本进入社会事业领域，鼓励民间资本投资生产体育用品，建设各类体育场馆及健身设施，从事体育健身、竞赛表演等活动。

由此可见，我国政府出台的政策支持民间资本进入体育场馆建设领域。《国务院关于创新重点领域投融资机制鼓励社会投资的指导意见》提出，进一步鼓励社会投资特别是民间投资，盘活存量、用好增量，调结构、补短板，服务国家生产力布局，促进重点领域建设，增加公共产品有效供给。鼓励社会资本加大社会事业投资力度。通过独资、合资、合作、联营、租赁等途径，采取特许经营、公建民营、民办公助等方式，鼓励社会资本参与教育、医疗、养老、体育健身、文化设施建设。各级政府逐步扩大教育、医疗、养老、体育健身、文化等政府购买服务范围，各类经营主体平等参与。

5.4 鼓励体育场馆免费或低收费开放，完善健身消费政策

5.4.1 鼓励体育场馆免费或低收费开放

《关于加强大型体育场馆运营管理改革创新 提高公共服务水平的意见》提出，以满足人民群众日益增长的体育需求为目标，以改革为动力，以体制机制创新为重点，着力提升大型体育场馆运营管理能力和公共服务水平，为加快建设公共体育服务体系和全面建成小康社会作出贡献。当前，大型体育场馆在赛后运营方面仍面临着体制机制不适应、运营效能不佳、服务能力不强、利用水平不高、配套政策不健全、持续发展动力不足等问题，加强大型体育场馆运营管理改革创新、提高公共服务水平迫在眉睫。要鼓励大型体育场馆创新惠民举措，拓展服务项目，扩大公共服务范围，分时段免费或低收费向公众开放，提高使用率。

5.4.2 健身消费现状倒逼政策完善

现以大连市体育消费为例来分析体育健身消费状况。大连市作为2020年国家体育总局公布的40个国家体育消费试点城市之一，在体育健身消费方面具有一定的代表性。相关调查结果显示，2020年度大连

市居民人均体育消费支出为2 304元，人均体育消费支出占人均生活支出的比例为8.8%，参与型体育消费占体育消费总规模比重最大，为61%。运动服饰、器材装备等体育用品消费总额、人均消费支出占体育消费总额的比例分别为595 336万元、799元、35%；体育培训及教育服务消费总额、人均消费支出占体育消费总额的比例分别为293 440万元、394元、17%；外地观赛/参赛产生的体育旅游消费总额、人均消费支出占体育消费总额的比例分别为249 065万元、334元、14%；健身俱乐部会费及健身指导课程等消费总额、人均消费支出占体育消费总额的比例分别为209 580万元、281元、12%；运动场地和相关器材、用品租赁消费总额、人均消费支出占体育消费总额的比例分别为131 172万元、176元、8%；体育彩票等其他体育消费总额、人均消费支出占体育消费总额的比例分别为90 569万元、122元、5%；观看体育赛事的门票及节目消费总额、人均消费支出占体育消费总额的比例分别为66 902万元、90元、4%；体育保健与康复服务消费总额、人均消费支出占体育消费总额的比例分别为52 491万元、70元、3%；体育活动参赛费、报名费总额、人均消费支出占体育消费总额的比例分别为28 170万元、38元、2%。

5.4.3 完善健身消费政策

发展体育产业促进体育消费需要完成的主要任务之一就是创新体育场馆运营机制。主要措施表现为引入和运用现代企业制度，推进体育场馆管理体制与运营机制改革；结合赛时需要与赛后利用，完善设计、建设、运营管理一体化模式；倡导体育场馆实施对外购买服务，逐步推行体育场馆效益市场化、品牌化、规模化、专业化；引入体育场馆产业链的发展模式，打造体育场馆服务综合体，实现体育场馆惠民服务效益。政策措施是发展体育产业促进体育消费的重要保障。《关于加快发展体育产业促进体育消费的若干意见》提出，各级政府要将全民健身经费纳入财政预算，并保持与国民经济增长相适应。要加大投入，安排投资支持体育设施建设。要安排一定比例体育彩票公益金等财政资金，通过政府购买服务等多种方式，积极支持群众健身消费，鼓励公共体育设施免费或低收费开放，引导经营主体提供公益性群众体育健身服务。鼓励引导企事业单位、学校、个人购买运动伤害类保险。进一步研究鼓励群众健身消费的优惠政策。可见，完善健身消费政策主要体现在重视政府财政预算与财政投入、创新消费机制、完善保险类消费、创新消费优惠政策等方面。

参考文献

[1] HORBACH A, BARTSCH T, BRISKORN D. Using a SAT-solver to schedule sports leagues [J]. Journal of Scheduling, 2012, 15 (9): 117-125.

[2] FEDDERSEN A, GRÖTZINGER A, MAENNIG W. Investment in stadia and regional economic development-evidence from FIFA World Cup 2006 [J]. SSRN Electronic Journal, 2009, 4 (4): 221-239.

[3] ARNE, MAENNIG W. Arenas versus multifunctional stadiums: which do spectators prefer? [J]. Journal of Sports Economics, 2008, 10 (2): 180-191.

[4] BRIAN M, MILLS, MARK S, et al. Fiscal outcomes and tax impacts from stadium financing strategies in Arlington, Texas [J]. Public Money & Management, 2014, 34 (2): 145-152.

[5] LEOTTA C, FEDELE V, SCHIFILLITI C, et al. Movement in health: Housing a diabetes centre within a gym (and vice versa) [J]. Journal of Diabetes, 2011, 3 (4): 273-277.

[6] RIBEIRO C C. Sports scheduling: problems and applications [J]. International Transactions in Operational Research, 2012, 19 (1-2): 201-226.

[7] CM C. Cite space Ⅱ: Detecting and visualizing emerging trends and transient patterns in scientific literature [J]. J Am Inf Sci Technol,

2006, 57 (3): 359-377.

[8] BRISKORN D. A branching scheme for minimum cost tournaments with regard to real-world constraints [J]. The Journal of the Operational Research Society, 2011, 62 (12): 2133-2145.

[9] MILLER D. Associations between the home and school environments and child body mass index [J]. Social Science & Medicine, 2011, 72 (5): 677-684.

[10] DANIEL S, WASHINGTON M, ERNEST A. Signaling status through stadiums: the discourses of comparison within a hierarchy [J]. Journal of Sport Management, 2015, 29 (5): 539-554.

[11] DAVID M, VANESSA J, BACKHAUS C. Fans' resistance to naming right sponsorships: why stadium names remain the same for fans [J]. European Journal of Marketing, 2014 (48): 1487.

[12] BRISKORN D, HORBACH A. A Lagrangian approach for minimum cost single round robin tournaments [J]. Computers & Operations Research, 2012, 39 (3): 718-727.

[13] JOSEPH E. Minor stadiums, major effects? Patterns and sources of redevelopment surrounding minor league baseball stadiums [J]. Urban Studies , 2019, 56 (4): 672-688.

[14] ERNEST A, DANIEL S. Newspaper Framing and Stadium Subsidization [J]. American Behavioral Scientist, 2010, 53 (10): 1492-1510.

[15] HAGN F, MAENNIG W. Large sport events and unemployment: the case of the 2006 soccer World Cup in Germany [J]. Applied Economics, 2009, 41 (25): 3295-3302.

[16] AHLFELDT G, MAENNIG W. Stadium architecture and urban development from the perspective of urban economics [J]. Information Journal of Urban and Regional Research, 2010, 34 (3): 629-646.

[17] AHLFELDT G, KAVETSOS G. Form or function? The effect of new sports stadia on property prices in London [J]. Journal of the Royal Statistical Society, 2014, 177 (1): 169-170.

[18] MENG-LONG L. Student satisfaction index evaluayion of the design of college badminton gymnasium [J]. Open House International, 2016 (41): 97-101.

[19] CAMERINI L, GIACOBAZZI M, BONESCHI M, et al. Design and

implementation of a web-based Tailored Gymnasium to enhance self-management of Fibromyalgia [J]. User Model User-Adap Inter, 2011 (21): 485-511.

[20] FRIEDMAN M. The transparency of democracy: the production of washington's nationals park as a late capitalist space [J]. Sociology of Sport Journal, 2010, 27 (4): 327-350.

[21] TAYLOR N, DODD K, BAKER R, et al. Progressive resistance training and mobility-related function in young people with cerebral palsy: a randomized controlled trial [J]. Developmental Medicine & Child Neurology, 2013, 55 (9): 806-812.

[22] SHIELDS N, TAYLOR N, FERNHALL B. A study protocol of a randomised controlled trial to investigate if a community based strength training programme improves work task performance in young adults with Down syndrome [J]. BMC Pediatrics, 2010, 10 (17): 1471-2431.

[23] O'REILLY N, BERGER I, HERNANDEZ T, et al. Urban sportscapes: an environmental deterministic perspective on the management of youth sport participation [J]. Sport Management Review, 2015, 18 (2): 291-307.

[24] HORNE O. Architects, stadia and sport spectacles: notes on the role of architects in the building of sport stadia and making of world-class cities [J]. International Review for the Sociology of Sport, 2011, 46 (2): 205-227.

[25] OKABE A, OKUNUKI K I, SHIODE S. SANET: a toolbox for spatial analysis on a network [J]. Geograp-hical Analysis, 2006, 38 (1): 57-66.

[26] OKABE A, SATOH T, SUGIHARA K. A kernel density estimation method for networks, its computational method and a GIS based tool [J]. International Journal of Geographical Information Science, 2009, 23 (1): 7-32.

[27] OKABE A, YAMADA I. The K-function method on a network and its computational implementation [J]. Geographical Analysis, 2001, 33 (3): 271-290.

[28] SARTO P, MERLO L, ASTOLFO P, et al. Comprehensive therapeutic program for cardiovascular patients: role of a sports medicine unit in

collaboration with local gymnasiums [J]. Journal of Cardiovascular Medicine, 2009, 10 (1): 27-33.

[29] ALEGI P. A nation to be reckoned with: the politics of world cup stadium construction in cape town and durban, south africa1 [J]. African Studies , 2008, 67 (3): 397-422.

[30] RITA D , EMILY J , TAMARA E , et al. Utility of the Physical Activity Resource Assessment for Child-centric Physical Activity Intervention Planning in Two Urban Neighborhoods [J]. Journal of Community Health , 2011 (36): 132-140.

[31] ODANI S, O'FLAHERTY K, VEATCH N, et al.Attitudes toward smokeless tobacco use at all public sports venues among U.S. adults, 2016 [J]. Preventive Medicine, 2018, 111 (6): 397-401.

[32] SEUNGHWAN LEE S, JAE LEE H, JAE SEO W, et al. A new approach to stadium experience: the dynamics of the sensoryscape, social interaction, and sense of home [J]. Journal of Sport Management, 2010, 26 (6): 490-505.

[33] SUGIHARA K, OKABE A, SATOH T. Computational method for the point cluster analysis on networks [J]. Geoinformatica, 2011, 15 (1): 167-189.

[34] TIMOTHY B, NEWMAN, KYLE S. Framing democracy: stadium financing and civic paternalism in test market, USA [J]. Sport in Society, 2017, 20 (11): 1548-1564.

[35] TODD L, SCOTT J, VERNON J, et al.The epidemiology of illness and injury at the alpine venues during the Salt Lake City 2002 Winter Olympic Games [J]. The Journal of Emergency Medicine, 2006, 30 (2): 197-202.

[36] YOON-KYUNG S, JIN KIM D, JUNG-CHOI K. Differences of psychological effects between meditative and athletic walking in a forest and gymnasium [J]. Scandinavian Journal of Forest Research, 2013, 28 (1): 64-72.

[37] 百度百科.成效 [EB/OL]. [2014-01-03]. https://baike.baidu.com/item/%E6%88%90%E6%95%88/8679619? fr=Aladdin.

[38] 百度百科.北京市“十二五”规划 [EB/OL]. [2012-03-13]. http://wenku.baidu.com/link? url= Nmxkxi D0lVcQL3dKN5nuR7.

[39] 北京市发展和改革委员会.北京市“十一五”时期功能区域发展规划 [EB/

OL］.［2006-12-06］. https：//fgw.beijing.gov.cn/fgwzwgk/2024zcwj/ghjhwb/wngh/202003/t20200331_3738487.htm.

［40］ 佚名. 1993年我国创造亚洲纪录成绩统计［J］. 中国体育科技，1994（4）：42-47.

［41］ 国家体育总局. 2014年全民健身活动状况调查公报［EB/OL］.［2015-11-16］. http：//www.sport.gov.cn/n16/n1077/n1422/7300210.html.

［42］ 百度百科. 泰訾［EB/OL］.［2012-12-28］. https：//baike.baidu.com/item/%E6%B3%B0%E8%AA%93/8816179?fr=aladdin.

［43］ 百度百科. 北京市城市总体规划（2004-2020）［EB/OL］.［2019-04-07］. http：//baike.baidu.com/link? url=Hxylsq7MtlhlaodR6XxMncQ87bWrifYl2NAx_GA6tX_RQl3Lmcr2TKrvmarKXM2ubv9WwtDnkQvFnJhudBuCbK.

［44］ 毕红星，马元康. 我国优秀女跳远运动员摆动腿在最后一步和起跳中支撑与摆动的运动学特征［J］. 体育科学，1999（5）：32-35.

［45］ 毕红星，齐庭宝. 体育产业链对体育企业创新的影响——基于定位、分工及集聚视角［J］. 东北财经大学学报，2021（3）：47-55.

［46］ 毕红星. "点-轴系统"理论与城市公共体育设施建设布局［J］. 上海体育学院学报，2012，36（6）：29-32；38.

［47］ 毕红星. 北京市体育场馆网络布局的配置体系研究［J］. 东北财经大学学报，2017（6）：30-36.

［48］ 毕红星. 基于CiteSpace的全运会改革发展研究热点及演化［J］. 福建体育科技，2019，38（2）：1-7.

［49］ 毕红星. 基于经济地理学的城市体育场馆建设布局创新研究［M］. 北京：中国社会科学出版社，2015.

［50］ 毕红星. 全运会体育场馆建设的惠民成效研究［J］. 内蒙古体育科技，2017（2）：1-2.

［51］ 毕红星. 全运经济相关的辽宁公共体育设施建设"点轴网"布局的经济地理学研究［J］. 内蒙古体育科技，2011（2）：1-2.

［52］ 毕红星. 我国城市公共体育场馆规划布局研究［J］. 成都体育学院学报，2012（4）：34-38.

［53］ 毕红星. 我国体育场地建设状况分析［J］. 体育文化导刊，2012（5）：83-86.

［54］ 曹璐. 国外城市公共体育场馆服务大众体育发展经验及对我国的启示［J］. 北京体育大学学报，2016，39（10）：38-45.

［55］ 曾建明，何秀钰. 基于贝叶斯网络的体育场馆网络平台运营风险评估研究

[J]. 南京体育学院学报，2019，2（11）：2；33-38；46.
[56] 曾建明，王健. 我国大型体育场（馆）的空间布局研究 [J]. 体育科学，2014，34（7）：63-72.
[57] 曾璇，崔海山，刘毅华. 基于网络空间点模式的餐饮店空间格局分析 [J]. 地球信息科学学报，2018，20（6）：837-843.
[58] 柴王军，林显鹏. 大型体育场馆在我国城市经济社会发展中的作用 [J]. 南京体育学院学报（社会科学版），2013，27（1）：71-81.
[59] 陈国红. 全运会体育场馆融资模式分析 [J]. 南京体育学院学报，2006（4）：20-21；25.
[60] 陈洪平. 可行性缺口补助在体育场馆PPP中应用：补助工具及选用 [J]. 天津体育学院学报，2019，34（6）：474-478.
[61] 陈杰. 天津实施二十项惠民工程 [N]. 人民日报，2007-07-03（2）.
[62] 陈磊，陈元欣，张强. 国内外体育特色小镇建设启示——以湖北省为例 [J]. 体育成人教育学刊，2017，33（3）：41-45.
[63] 陈蔚珊，柳林，梁育填. 基于POI数据的广州零售商业中心热点识别与业态集聚特征分析 [J]. 地理研究，2016，35（4）：703-716.
[64] 陈元欣，陈磊，李京宇，等. 体育场馆促进城市更新的效应：美国策略与本土启示 [J]. 上海体育学院学报，2021，45（2）：78-89.
[65] 陈元欣，陈磊，刘恒，等. 公共体育场馆功能改造之理论逻辑与现实困境——以洪山体育中心为例 [J]. 上海体育学院学报，2020，44（5）：37-46.
[66] 陈元欣，黄昌瑞，王健. 职业体育俱乐部参与体育场（馆）运营研究 [J]. 体育科学，2017，37（8）：12-20.
[67] 陈元欣，姬庆. 大型体育场馆运营内容产业发展现状、问题及对策 [J]. 首都体育学院学报，2015，27（6）：483-487；511.
[68] 陈元欣，邱茜. 体育场馆公共服务供给机制的动态性与发展性 [J]. 上海体育学院学报，2020，44（4）：11.
[69] 陈元欣，邱茜. 我国体育场馆公共服务居民获得感的时代意蕴、内涵特征、评价维度及其应用 [J]. 体育科学，2020，40（9）：14-25；52.
[70] 陈元欣，王华燕，张强. "营改增"对体育场馆运营的影响研究 [J]. 体育文化导刊，2016（2）：126-131.
[71] 陈元欣，杨金娥，王健. 体育场馆运营支持政策的现存问题、不利影响与应对策略 [J]. 上海体育学院学报，2016，40（6）：24-29.
[72] 陈悦，陈超美，胡志刚，等. 引文空间分析原理与应用 [M]. 北京：科学出版社，2014.

[73] 池娇，焦利民，董婷，等．基于POI数据的城市功能区定量识别及其可视化［J］．测绘地理信息，2016，41（2）：68-73．
[74] 百度百科．惠民［EB/OL］．［2006-04-30］．https：//baike．baidu．com/item/%E6%83%A0%E6%B0%91/1527837．
[75] 邓小平．邓小平文选（第3卷）［M］．北京：人民出版社，1993：373；116；172．
[76] 董德朋，袁雷，韩义．基于ArcGIS的城市中心城区公共体育服务空间：结构、问题与策略——以长春市为例［J］．上海体育学院学报，2017，41（6）：10-16．
[77] 杜朝辉．大型体育场馆运营绩效评价体系研究［J］．成都体育学院学报，2015，41（5）：39-43．
[78] 范江怀．“共享体育”更惠民［N］．解放军报，2017-08-31（12）．
[79] 方明．全民全运，翻开健康中国新篇章［N］．解放军报，2017-09-13（9）．
[80] 方雪默，陈元欣．公共体育场馆经营权改革后公共体育服务存在问题及对策［J］．体育学刊，2020，27（3）：32-38．
[81] 方志．节俭与创新：全运会办赛模式的转型之路［J］．体育文化导刊，2013（9）：1-5．
[82] 付革，王洁群．十二届全运会辽宁体育场馆建设及其后效应研究［J］．内蒙古体育科技，2011（2）：1-2．
[83] 付革．公共体育设施及其建设布局研究［J］．吉林体育学院学报，2013，29（5）：34-37．
[84] 付倩，陈元欣，宋健，等．“大型体育场馆免费低收费开放补助资金项目”第三方评估的实践与反思［J］．安徽体育科技，2019，40（1）：11-14．
[85] 付紫硕，陈元欣．国外智慧体育场馆建设经验及启示［J］．体育文化导刊，2020（10）：40-46．
[86] 傅钢强．“智慧亚运”背景下体育场馆赛后智能化经营模式研究［J］．山东体育科技，2020，42（3）：1-6．
[87] 高晓波，陈淑莲，乔玉，等．大型体育场馆的空间布局和功能定位及政府决策［J］．体育学刊，2014，21（2）：40-46．
[88] 高振杰，张瑶．大型体育场馆资产证券化过程中的风险管理［J］．体育学刊，2020，27（4）：71-77．
[89] 龚刚，聂晶．区域投资的优化选择与马太效应［J］．开发研究，2003（5）：3-6．
[90] 郝海亭，徐晓敏，于作军，等．大型体育场馆与城市协同发展的路径探析

[J]. 北京体育大学学报，2019，42（4）：42-49.
[91] 郝海亭. 困境与突破：大型体育场馆免费低收费开放财政补助政策分析[J]. 沈阳体育学院学报，2017，36（4）：42-48；83.
[92] 郝勤. 全运会，给我一个理由[J]. 体育文化导刊，2002（1）：20-21.
[93] 何斌，席玉宝，王郓，等. 美国高校大型体育场馆的建设与运营[J]. 武汉体育学院学报，2016，50（10）：58-64.
[94] 何秋华，唐新发. 九运会田径金牌地域分布特征与项目发展趋势研究[J]. 武汉体育学院学报，2003（5）：74-76.
[95] 何夷，陈磊，周彪，等. 公共体育场馆改造建设体育服务综合体的现实困境与应对之策[J]. 武汉体育学院学报，2021，55（3）：56-62.
[96] 黑子，张天白. 回首建国前的历届全运会[J]. 体育博览，1997（2）：15-16.
[97] 胡振宇. 现代城市体育设施建设与城市发展研究[D]. 南京：东南大学，2006.
[98] 黄鄢铃子，陈元欣. 全球著名体育场馆运营经验与启示[J]. 体育文化导刊，2019（7）：100-104.
[99] 黄燕霞，许月云. 泉州市规模体育场馆运营现状研究[J]. 福建体育科技，2015，34（6）：16-18.
[100] 黄奕伟. 山东省体育产业高质量发展的动力机制研究[D]. 曲阜：曲阜师范大学，2020.
[101] 姬庆，陈元欣. 公共体育场馆委托管理"内卷化"倾向及其生成逻辑——基于A市W场馆委托管理的经验分析[J]. 中国体育科技，2021，57（11）：96-102.
[102] 江涵逸，陆亨伯，黄会，等. 新政背景下我国体育场馆PPP项目融资约束问题研究[J]. 中国体育科技，2019，55（11）：62-72.
[103] 江涵逸，陆亨伯，李瀚，等. 政府购买体育场馆公共服务难题破解——基于百慕大三角模型[J]. 浙江体育科学，2018，40（6）：8-13.
[104] 江流水. 更干净更人性更团结——关于全运会的"另类思维"[J]. 体育文化导刊，2002（1）：1.
[105] 江小涓. 中国体育产业：发展趋势及支柱地位[J]. 管理世界，2018（5）：1-9.
[106] 姜同仁. 我国公共体育服务供给现状与结构优化对策[J]. 上海体育学院学报，2015，39（3）：1-7.
[107] 蒋蓉，陈果，杨伦. 成都市公共体育场馆规划实践及策略研究[J]. 规划师，2007（10）：26-28.

［108］ 焦长庚，戴健．大型体育场馆公私合作模式的风险评估与管控研究——基于AHP-模糊综合评价法［J］．沈阳体育学院学报，2020，39（4）：114-123．
［109］ 开云．中国全运会述评（1910-2001）［D］．南京：南京师范大学，2005．
［110］ 康伟．基于点轴理论的山东半岛蓝色旅游空间结构研究［D］．青岛：中国海洋大学，2012．
［111］ 康雨豪，王玥瑶，夏竹君，等．基于POI数据的武汉城市功能区划分与识别［J］．测绘地理信息，2017，43（1）：1-5．
［112］ 孔繁星，谭建湘．我国大型体育场馆规划、建设、运营“一体化”体系构建与实施路径［J］．体育学刊，2021，28（4）：47-53．
［113］ 孔庆波，崔瑞华．居住分异背景下社区体育场馆布局的非均衡发展［J］．山东体育学院学报，2013，29（1）：11-15．
［114］ 李钢，杨兰，贺建雄，等．基于POI数据的西安市快递自提点空间格局及空间关系研究——以菜鸟驿站为例［J］．地理科学，2018，38（12）：2024-2030．
［115］ 李佳翰，杨杰，李湘浓．体育场馆商业运营的影响力经济研究［J］．辽宁体育科技，2021，43（4）：35-38．
［116］ 李杰．CiteSpace 中文版指南［EB/OL］．［2017-07-19］．http：//blog．sciencenet．cn/blog-554179-1066981．html．
［117］ 李京宇，陈元欣．国外体育场馆社会影响研究的综述［J］．首都体育学院学报，2020，32（2）：140-145．
［118］ 李军岩．增加公共体育设施，助推全民健身发展［N］．中国体育报，2018-05-07（7）．
［119］ 李克敏，苌庆辉，崔凯峰．体育创业研究的知识图谱分析：基于1991-2015年数据［J］．天津体育学院，2016（3）：185-190．
［120］ 李明．PPP模式介入公共体育服务项目的投融资回报机制及范式研究——对若干体育小镇的考察与思考［J］．体育与科学，2017，38（4）：86-93．
［121］ 李瑞珍．智慧体育在公共体育服务体系中的发展现状及对策研究［J］．运动，2017（9）：148-149；112．
［122］ 李万才．在十二运大连赛区组委会扩大会议上要求全面贯彻落实习近平总书记指示精神承办一届创新节俭的全运会［N］．大连日报，2013-02-02．
［123］ 李向朝，何元春．从定位到补位：当前公共体育场馆社会化改革中的地方政府角色再研究［J］．北京体育大学学报，2020，43（11）：55-62．
［124］ 李颖川．中国体育产业发展报告（2019）［M］．北京：社会科学文献出版

社，2019.
[125] 李振振，李秋菊. 传统体育项目学校发展现状调查研究——以山东省惠民县为例 [J]. 冰雪体育创新研究，2020 (9)：33-34.
[126] 李震，郭敏. 基于DEA的大型体育场（馆）免费低收费对外开放效率研究 [J]. 体育科学，2017，37 (8)：90-97.
[127] 梁春光. 地方政府治理制度创新的理论基础和现实意义 [J]. 学理论，2018 (4)：54-55.
[128] 梁冬冬，高晓波，王露露，等. 大型体育场馆服务中制度失效及对策研究 [J]. 体育学刊，2020，27 (1)：60-65.
[129] 梁雨杰. 以人为本体现体育惠民 [N]. 山西日报，2019-04-04 (12).
[130] 廖梓岑，李芳凤，林婧. 政府购买社会体育场馆公共服务存在的风险及对策——以广东省广州市为例 [J]. 社会与公益，2021，12 (1)：45-48.
[131] 刘彩凤. 体育场馆冠名权属性特征研究 [J]. 南京体育学院学报，2020，19 (3)：8-14.
[132] 刘朝霞. 我国大型体育场馆运营风险与防范研究 [J]. 西安体育学院学报，2019，36 (5)：574-579；593.
[133] 刘洪超. 辽宁建设全运场馆俭字当头 [N]. 人民日报，2013-08-26.
[134] 刘礼宾. 苏州市公共体育服务惠民举措研究 [D]. 苏州：苏州大学，2019.
[135] 刘玲，李钢，杨兰，等. 深圳市快递自提点的空间分布特征与影响因素 [J]. 地球信息科学，2019，21 (8)：1240-1253.
[136] 刘清早，李南筑，曹克强，等. 关于提升全国运动会无形资产价值的研究 [J]. 体育科学，2005 (12)：87-91.
[137] 刘生杰，王国祥. 第11届全运会女子三级跳远运动员三跳技术的运动学分析 [J]. 体育学刊，2011 (2)：106-111.
[138] 刘彤，周伟，曹银贵. 沈阳市城市功能区分布与人口活动研究 [J]. 地球信息科学学报，2018，20 (7)：988-995.
[139] 刘辛丹，庞亮，许纳，等. 西澳大型公共体育场馆群管理运营中政府职能的作用和启示 [J]. 西安体育学院学报，2017，34 (2)：140-146.
[140] 刘勇. 略论中国“全运会”的演变史 [D]. 南京：南京师范大学，2007.
[141] 陆大道. 关于“点-轴”空间结构系统的形成机理分析 [J]. 地理科学，2002 (1)：1-6.
[142] 罗争光，吴霞. 上海体育局局长：推进体育惠民应当突出重点 [N]. 新华每日电讯，2011-03-29 (2).
[143] 吕树庭. 破解公共体育场馆运营难题的制度选择——评《公共体育场馆民

营制度选择与效益评价研究》[J]. 浙江体育科学，2016，38 (4)：1-4.
[144] 吕万刚，曾珍. 基于公众感知的大型体育场馆公共体育服务质量评价与实证研究 [J]. 体育学刊，2020，27 (5)：59-67.
[145] 马国英，朱亚坤，马亚璇，等. 第十一届全国运动会对山东省体育产业影响的研究 [J]. 山东体育学院学报，2008 (10)：7-10.
[146] 中国共产党新闻网. 马克思主义公平思想的中国实践阐微 [EB/OL]. [2013-09-29]. http：//theory. people. com. cn/n/2013/0929/c49157-23072546. html.
[147] 闵健，李万来，刘青. 公共体育管理概论 [M]. 北京：北京体育大学出版社，2005.
[148] 潘磊. 大型体育场馆免费低收费开放补助资金使用管理研究——基于A省7座体育场馆的实地调查 [J]. 河北体育学院学报，2019，33 (3)：26-32.
[149] 潘熙文，付革. 城市体育场馆建设布局影响因素的认知与计量分析 [J]. 福建体育科技，2019，38 (3)：1-5；9.
[150] 乔霞. 全国运动会的历史演进及改革研究 [D]. 北京：北京体育大学，2013.
[151] 秦瑞鸿. 山东半岛旅游圈双核模式结构分析 [J]. 统计与决策，2010 (16)：87-90.
[152] 邱均平，温芳芳. 近五年来图书情报学研究热点与前沿的可视化分析——基于13种高影响力外文源刊的计量研究 [J]. 中国图书馆学报，2011 (2)：51-60.
[153] 河北新闻网. 深化体育惠民 促进全民健康 [EB/OL]. [2017-10-29]. http：//hbrb.hebnews.cn/pc/paper/c/201711/09/c32302.html.
[154] 石生泰. 实施体育惠民增进人民福祉 [N]. 甘肃日报，2016-02-26 (11).
[155] 石生泰. 体育惠民工程惠及千家万众 [N]. 中国体育报，2016-01-25 (5).
[156] 斯涵涵. 全运会改革，回归体育惠民的运动真义 [N]. 青岛日报，2017-08-29 (5).
[157] 宋保安. 论新时期中国竞技体育社会价值的实现途径——广州亚运会“十项”惠民项目引发的思考 [J]. 山东体育学院学报，2011，27 (12)：17-20；39.
[158] 宋顺，刘志清，王永平. 微信公众号优化体育场馆运营策略分析 [J]. 体育文化导刊，2019 (1)：83-87.

[159] 宋智梁，毕红星. 体育设施建设布局的经济地理学研究——体育设施网的概念、类型及其特征研究 [J]. 成都体育学院学报，2013，39 (11)：16-20；25.
[160] 宋忠良，徐素华，曹秀玲. 政府购买体育场馆公共服务的时代背景与理论基础 [J]. 运动，2018 (22)：4-6.
[161] 孙成林，孙洁. 新中国成立以来我国大型体育场馆政策演进历程、特点与展望 [J]. 天津体育学院学报，2021，36 (3)：308-313；331.
[162] 孙嘉潞，陆亨伯，李瀚. 我国大型体育场馆公共服务结构优化研究 [J]. 浙江体育科学，2019，41 (1)：38-42.
[163] 谭刚，谭洁. 大型体育场馆运营取向分析 [J]. 体育文化导刊，2015 (12)：112-117.
[164] 汤际澜. 我国基本公共体育服务均等化研究 [D]. 苏州：苏州大学，2011.
[165] 国家统计局. 体育产业统计分类 (2019) [J]. 中华人民共和国国务院公报，2019 (22)：30-39.
[166] 天津市人民政府办公厅. 关于转发市体育局拟定的天津市"全运惠民工程"实施方案的通知 [J]. 天津市人民政府公报，2016 (2)：25-29.
[167] 田广，郭敏. 基于DEA-Tobit模型的中国大型体育场馆投入产出效率评价及影响因素研究 [J]. 成都体育学院学报，2021，47 (4)：86-92.
[168] 田麦久，刘筱英. 论竞技运动项目的分类 [J]. 体育科学，1984 (6)：41-46.
[169] 田雨普，邹玉玲，陈家起，等. 借鉴奥运经验提高十运会经济效益的研究 [J]. 体育与科学，2004 (6)：18-21.
[170] 铁钰，王秀香，王岳. 第12届全运会沈阳市体育场馆布局研究 [J]. 体育文化导刊，2013 (5)：74-76.
[171] 涂建军，唐思琪，张骞，等. 山地城市格局对餐饮业区位选择影响的空间异质性 [J]. 地理学报，2019，74 (6)：1163-1177.
[172] 汪大昭. 体育改革开放利国惠民 [J]. 中国政协，2019 (8)：65.
[173] 王波，甄峰，张浩. 基于签到数据的城市活动时空间动态变化及区划研究 [J]. 地理科学，2015，35 (2)：151-160.
[174] 王德忠，庄仁兴. 区域经济联系定量分析初探——以上海与苏锡常地区经济联系为例 [J]. 地理科学，1996 (1)：51-57.
[175] 王国尊，徐婧，姚向颖，等. 构建大中型公共体育场馆运营转型的动力机制 [J]. 体育科学研究，2018，22 (4)：30-35.
[176] 王海东. 盐城市体育局场馆市场化运作现状与发展对策研究 [D]. 苏州：

苏州大学，2015.

[177] 王家宏. 我国公共体育服务体系研究［M］. 苏州：苏州大学出版社，2016.

[178] 王宁，毕红星. 全民健身背景下学校体育场馆服务社区的资源开发战略［J］. 广州体育学院学报，2020，40（3）：111-113.

[179] 王爽，李炯. 基于城市网络空间的POI分布密度分析及可视化［J］. 城市勘测，2015，1（2）：21-25.

[180] 王涛. 走过全运——历届全国运动会回顾［J］. 军营文化天地，2005（11）：28-29.

[181] 王元敬. 七运会：中国体育的实力与希望［J］. 瞭望周刊，1993（8）：43-45.

[182] 王占坤，陈华伟，唐闻捷. 21世纪初以来我国公共体育服务研究回顾与展望：基于文献计量学和科学知识图谱分析［J］. 首都体育学院学报，2015（2）：109-115.

[183] 王志光. 关于全国运动会理性回归的思考［J］. 南京体育学院学报，2007（1）：9-12.

[184] 王志光. 关于全国运动会理性回归的思考——兼谈十运会“体育的盛会，人民的节日”宣传口号［J］. 2007（1）：9-12.

[185] 魏琳，廉涛，何天皓，等. 上海市大型体育场馆公共体育服务质量评价——基于公益开放时段的实证分析［J］. 武汉体育学院学报，2016，50（12）：48-54.

[186] 魏彧. 弘扬全运精神 推动天津各项工作［N］. 天津日报，2017-09-16（1）.

[187] 邬伦，刘亮，田原，等. 基于网络K函数法的地理对象分布模式分析——以香港岛餐饮业空间格局为例［J］. 地理与地理信息科学，2013，29（5）：7-11.

[188] 吴宾，武恩钧. 我国高校大型体育场馆运营模式的优化模型建构［J］. 体育文化导刊，2017（10）：119-124.

[189] 吴立川，李安娜. 我国体育场馆公共服务绩效评估指标体系的构建与实证研究［J］. 吉林体育学院学报，2017，33（1）：34-38.

[190] 吴明华，徐勤儿，沈纲. 一体三翼：城乡公共体育服务均等化的制度创新困境与出路［J］. 湖南行政学院学报，2017（5）：15-18.

[191] 协同推进“全运惠民工程”［N］. 中国体育报，2015-05-09.

[192] 许月云，陈霞明. 区域体育场馆运营现状与发展对策研究——以侨乡泉州为例［J］. 山东体育学院学报，2017，33（2）：46-51.

[193] 薛冰，肖骁，李京忠，等. 基于POI大数据的沈阳市住宅与零售业空间关联分析 [J]. 地理科学，2019，39 (3)：442-449.
[194] 阳艺武. 基于知识图谱的我国竞技体育后备人才培养研究热点及演化 [J]. 上海体育学院学报，2015 (2)：73-79.
[195] 杨春. 深度实现体育惠民 助力体育名城建设 [N]. 南昌日报，2019-08-11 (2).
[196] 杨晶晶. 城市公共体育场馆信息平台建设研究 [J]. 辽宁体育科技，2021，43 (4)：39-43.
[197] 杨静. 基于POI数据的城市商业中心和组团识别与提取——以南京市为例 [D]. 南京：南京师范大学，2018.
[198] 杨珏婕，刘世梁，赵清贺，等. 基于网络K函数的西双版纳人工林空间格局及动态 [J]. 生态学报，2011，31 (22)：6734-6742.
[199] 杨磊. 开展全民健身 建设健康中国 习近平总书记一直在关心 [EB/OL]. [2019-08-07]. http://sports.people.com.cn/n1/2019/0807/c14820-31281297.html?from=groupmessage&isappinstalled=0.
[200] 杨万钟. 经济地理学导论 [M]. 上海：华东师范大学出版社，1999.
[201] 杨文霞. 体育惠民卡服务合同主体和内容研究 [D]. 天津：天津商业大学，2020.
[202] 杨效勇，乔玉，张瑶，等. 大型体育场馆空间布局对城市发展的影响 [J]. 体育学刊，2019，26 (4)：58-62.
[203] 姚耀. 让公共体育设施更便民惠民 [N]. 联合时报，2021-07-27 (3).
[204] 殷琼. 补足公共体育设施短板，满足全民健身需求 [N]. 芜湖日报，2019-12-27 (4).
[205] 于军，曹军. 由十运会看中国经济体育实力现状及第29届奥运会取得突破的方向 [J]. 中国体育科技，2006 (4)：111-115.
[206] 于文谦，张琬婷. 二次售卖理论视角下大型体育场馆运营模式研究 [J]. 山东体育学院学报，2017，33 (2)：16-21.
[207] 禹文豪，艾廷华，刘鹏程，等. 设施POI分布热点分析的网络核密度估计方法 [J]. 测绘学报，2015，44 (12)：1378-1383.
[208] 禹文豪，艾廷华. 核密度估计法支持下的网络空间POI点可视化与分析 [J]. 测绘学报，2015，44 (1)：82-90.
[209] 玉聚成，徐莹. 我国体育健身场地研究 [J]. 体育文化导刊，2017 (3)：114-118.
[210] 原玉杰，靳英华. 体育场馆布局的影响因素分析 [J]. 北京体育大学学报，2007 (11)：1490-1492.

［211］ 张红学．我国体育场馆经营绩效评估实证研究［J］．沈阳体育学院学报，2011，30（3）：30-34．

［212］ 张洪，夏明．安徽省旅游空间结构研究［J］．经济地理，2011（12）：2116-2121．

［213］ 张洪波．体育产业应专业化与大众化并重［N］．中国社会科学报，2017-10-17（5）．

［214］ 张瑞林．我国冰雪体育产业商业模式建构与产业结构优化［J］．体育科学，2016（5）：18-23；53．

［215］ 张守伟，姜立嘉．体育与时代：我国全运会核心价值观的演变与当代启示［J］．广州体育学院学报，2010（2）：6-10．

［216］ 张天白，关东．全运纵横谈（之四）回首建国后的历届全运会（下）［J］．体育博览，1997（5）：13-14．

［217］ 张天洁，李泽．20世纪上半期全国运动会场馆述略［J］．建筑学报，2008（7）：96-101．

［218］ 张文静，沈克印．政府购买服务视角下我国公共体育资源配置市场化改革研究［J］．体育文化导刊，2020（2）：24-30．

［219］ 张瑶，高晓波．大型体育场馆服务利益相关者权责关系［J］．体育学刊，2020，27（5）：68-75．

［220］ 张宇飞．新加坡公共体育设施建设：特征、经验与启示［J］．南京体育学院学报，2021，20（4）：37-43．

［221］ 张者玉．全民健身理性惠民实现东丽体育新跨越［J］．环渤海经济瞭望，2016（4）：68-71．

［222］ 赵丙军．国外力量训练研究知识网络的结构及演化特征［D］．上海：上海体育学院，2013．

［223］ 赵宏波，余涤非，苗长虹，等．基于POI数据的郑州市文化设施的区位布局特征与影响因素研究［J］．地理科学，2018，38（9）：1525-1534．

［224］ 赵秋丽．全民全运，共办共享［N］．光明日报，2009-10-28．

［225］ 赵卫锋，李清泉，李必军．利用城市POI数据提取分层地标［J］．遥感学报，2011，15（5）：973-988．

［226］ 百度百科．中国四大经济区域［EB/OL］．［2012-02-12］．https：//baike.baidu.com/item/%E4%B8%AD%E5%9B%BD%E5%9B%9B%E5%A4%A7%E7%BB%8F%E6%B5%8E%E5%8C%BA%E5%9F%9F/10619775?fr=aladdin．

［227］ 钟华，吴扬．江苏城乡公共体育服务一体化融合发展成果述要［J］．牡丹江大学学报，2018，27（11）：125-127．

［228］ 周铭扬，王政，吴相雷，等．我国地方政府购买体育社团公共体育服务的

实证研究：以CZ市武进区为例［J］. 首都体育学院学报，2020，32（2）：127-133.
［229］朱建成，唐翀，冯玉蓉. 基于兴趣点数据的伊春城市功能区定量识别研究［J］. 城市建筑，2018，20（7）：21-23.
［230］朱毅然. 我国政府购买公共体育服务的潜在风险与防控［J］. 上海体育学院学报，2019，43（3）：61-67；84.
［231］子衿. 全民健身还需更多公共体育设施［N］. 玉溪日报，2017-04-25（3）.
［232］邹国忠，王鲁宁，朱启林，等. 浅析我国优秀田径运动员大赛前的训练——兼对九运会十项全能亚军赵磊的赛前训练剖析［J］. 中国体育科技，2003（4）：22-24.

索引

全运会—1-15，17，42-52，54-61，64-66，68-71，73，77-79，81，84，85，90，92，94，99-110，112-130，140，143，155，156，164，171-177，179-182
体育场馆建设—1-6，11-15，17-22，24-28，46，49，52，55，57-59，62-64，70-73，75-79，81，84，85，90，92，94，100-103，108-110，112，117-127，129，132，134，143-146，148-150，155，156，162，166，167，171，180-182，187
惠民成效—1-6，27，63，66，70-73，75-78，84，90，92，94，101-103，109，112，116-123，125，127，130，156，171，179，180-182
经济地理学—1，3，4，6，27，66，73-76，130-133，136，139，140，155，156，162，182